江戸時代選書13

江戸牢獄・拷問実記

横倉辰次

雄山閣

旧江戸市内自身番の図

大番屋留置所の図

『徳川幕府刑事図譜本編』（天保七年刊）より

大番屋下調べの図

旧江戸市内伝馬町牢獄前の図

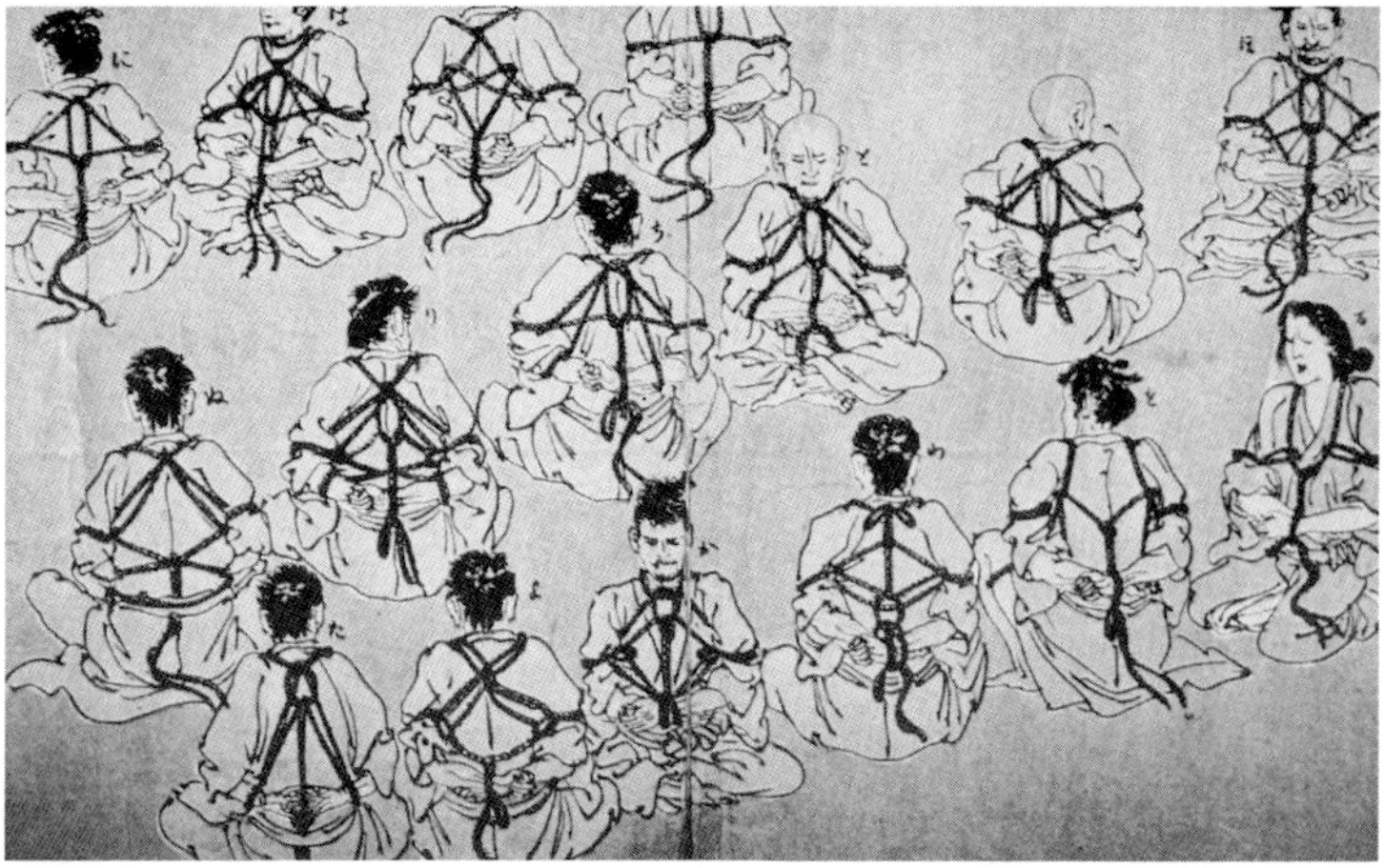

縄の掛け方の種類

獄舎の見回り

江戸伝馬町牢獄内昼の図

江戸伝馬町牢獄内夜の図

江戸牢獄・拷問実記　目次

目次

本書は、小社刊『生活史叢書　九　与力・同心・目明しの生活』から、「江戸の非常時体制　四人収容制度　幕末名与力の回顧」を抜粋し、一部編集を加え新装版としたものです。（編集部）

江戸牢獄・拷問実記

江戸の非常時体制

十手の実力

江戸時代の警視庁ともいうべき八丁堀与力《はっちょうぼりよりき》・同心《どうしん》や火附盗賊改《ひつけとうぞくあらため》（与力・同心を含めて）等の役人は、犯罪者に対してどのくらい捕物というか、戦闘力があったであろうかというと、相手が強力な場合は、余りなかったと言っても誤りではないようだ。それより第一に強力な者を相手にする必要はなかったと云った方が正しいかも知れない。

強力な者とは、即ち武芸に秀でている武士の集団である。八丁堀の与力・同心は武士を相手にする必要がない、というより職権外だ。加役《かやく》及びその与力・同心とてもそれに近い。

武家にはそれぞれの組頭《くみがしら》がいて、それが支配していたから、浪人者の場合でも余り取り合わなかったのだ。たとえば元禄《げんろく》の赤穂浪士《あこうろうし》の場合がそうである。完全に違法行為をした四十七士の行列を見ても、途中訊問もせず召捕ろうとしなかった。恐らく見て見ぬ振りをしていたのだろう。四十七士の方も避けて通っていたろうが、でなければ本所向院《ほんじょえこういん》裏から江戸市中を突きって無事に高輪泉岳寺《たかなわせんがくじ》まで行けるわけはない。

浪人でも武士には、八丁堀同心は手を出さなかった慣習がそうなったのであろう。では江戸市中で、武士団が乱暴狼藉や盗賊を働いた場合には、如何なる手段がとられたのであろうか。この幕末期の非常時に幕府としても手を拱《こまね》いてばかりいたのではない。直参旗本の二、三男や小普請《こぶしん》組《ぐみ》、その二、三男坊から腕の立つ者を募り、又、武芸を修練させて警備隊を創設組織している。

見廻組《みまわりぐみ》（京都では坂本竜馬《さかもとりょうま》、江戸では清川八郎《きよかわはちろう》を暗殺した）や直参以外から募って出来た新徴《しんちょう》組《ぐみ》、新選組《しんせんぐみ》などは京都警備であったから有名である。

加役、八丁堀、見廻組、新徴組や親藩藩士が必死で警備態勢をして警戒しているのに三田浪士は、遂に江戸城西の丸に放火し炎上させているし、警備隊の屯所《とんしょ》に銃撃を加えたりしたので、愈々幕府も勘忍袋の緒を切って、一種の治外法権であったところの今日の外国大使館並みである三田薩摩屋敷の焼討を敢行した。この薩摩浪士は、取籠の一種、否集団取籠とも称すべきものであろう。僅か一人か二人の取籠でさえ、逮捕に困難なのであるから、それが数百人で七十余万石の薩摩屋敷とあっては、その困難の程も知れよう。薩摩屋敷焼討の際の出動兵員はどうであったかは、長谷川伸《はせがわしん》著「相楽総三《さがらそうぞう》と同志の人々」から引用する。

先ず幕府が一大決意をして三田薩摩屋敷焼討を敢行せねばならなかった当時の江戸府内の状況から紹介しよう。

「江戸市内は白昼悪党横行し、夜間は兇器を携え、商家を却掠毎夜の如く、諸民堵《と》に安んずる暇なく、人心恂々《じんしんきょうきょう》なり、将軍不在中なるを以て、幕府は庄内藩（酒井左衛門尉忠篤《さかいさえもんのじょうただずみ》）に市中取締を命じ、同藩は二十五人ずつを一隊とし、昼夜市中を巡邏《じゅんら》し、尚御譜代大名《ふだいだいみょう》若干及び五千石以上旗本某々へも、市中取締を命じ、各持場持場を警戒したるにも拘わらず、浮浪悪漢の押込強奪に甚しきを加う」

これは「晦結溢言《かいけついつげん》」（紀州和歌山の旧藩士・堀内信《ほりうちしん》）から引いたところの慶応三年十二月の江戸市中の状態である。

「浮浪の徒、江戸市中を槍掠し、或は下郎等に出入する者、皆、鹿児島藩邸に潜匿《せんとく》す」（鈴木蘭台・近代月表増補）

「江戸表にては関東の浪士相良、中村なんど云える無頼の徒数百人、三田の薩邸に潜み居て毎夜胆太くも伍を組み銃を携え、市中の富豪へ軍用金を募るとて強盗に押入り」（勝伯事蹟・開城始末）

こういった風のものをここに紹介するとしたら、実に驚くべき分量となる。「薩邸の浪士共の乱暴狼藉も、決して一通りや二た通りの事では無かった。彼等には彼等の了見がありて、恐らくは幕府側を挑発せんが為めに、斯る行動を逞しうしたものと見る可く、将た斯る行動を逞うしても、敢て自から顧慮する所無かったと見る可きであろう」

これは「近世日本国民史」（徳富蘇峰《とくとみそほう》）の〝薩邸焼討の事情〟から引いた。薩邸に寄集した浪士側でも強盗を行ったことを認めている。

「或る夜、浪士数名を派して、幕府の用途方播磨屋新右衛門を襲わはしむ。この時、浪士、金吹町に至り前後の木戸を閉じ（この頃町毎に門柵あり町木戸《まちきど》と云う、金吹町は中央区日本橋）、先ずその唐物店《からものだな》に侵入し、六連発短銃数十個を奪い、播磨屋に突入す、一家恐怖し為す所を知らず、茲《ここ》に番頭を呼て曰く、汝等常に幕府あるを知って勤王の何ものたるを知らず、汝等前非を悔いなば勤王《きんのう》の陣営に軍資を献ずべしと、番頭三拝九拝《さんぱいきゅうはい》して承諾す。時に二童子あり、穴蔵に案内して金一万八千両を授く」（薩邸事件略記）

明治文学の一異色である歴史小説家塚原渋柿園《つかはらじゅうしえん》は講武所の槍術世話心得取締を勤めた塚原市之丞という旗本の子である。その塚原渋柿園の執筆した「五十年前」に次の如くある。

「当秋の頃から（慶応三年）、江戸市中に強盗、辻斬《つじぎり》、いろいろ物騒な事が流行って、夜になると日本橋京橋界隈、神田、芝、品川あたりの盛り場にも人通りの絶えたことがあるくらいであった」と、幕府瓦壊寸前の江戸市中の様子を語りその後にこうある。

「その賊は、武士の扮装で、二人、三人、多いのは五、六人も組んでいる。浅草蔵前の蔵宿《くらやど》、深川木場《きば》の材木屋などへ入った者は七、八人以上もいたというので、何分これは普通の賊ではあるまい。この節諸方から入込んでいる浪士（後にいう勤王《きんのう》の志士）等の所為か、或は一、二大藩の家来か、どうかという詮議で、或る時、岡ッ引の一人が彼の賊のあとをつけてみると、それが果して芝の薩州《さつしゅう》の蔵屋敷（今の薩摩原）へ入ったという、さてこそと言った、それからこの騒動」

この騒動というのは薩邸焼討を指したものである。更に、「一番迷惑したのは蔵前の札差《ふださし》という蔵宿と深川の木場の材木屋であったろう。肝腎の商売はあがったりで、かてて加えて脱走の方から（これは慶応四年の閏《うるう》五月までのことをいったもので、脱走とは、奥羽に奔《はし》って幕軍に属したり彰義隊《しょうぎたい》等に加わったものを言う）は徳川氏の為に恢復の軍を起すのだ、金を出せ、貴様達も三百年の御恩沢《おんたく》は知っているだろう、とか何とかの強談《ごうだん》で、千、二千の大金を出させられる。中には喜んで出す者もあったが、官軍《かんぐん》の方でも仲々その辺に抜目はなく、相応の用金をいい付けた様子である。又この騒動の虚に乗じて、脱走兵や官軍の真似をした強盗という奴が、錦片のついた筒袖《つつそで》、剣付鉄砲を担いだり、大刀を腰にして鉄扇《てっせん》を提げたりして押し歩く」と書いてある。また「晦結溢言」にも、

「庄内藩巡邏《じゅんら》の一人なる山下英蔵の直話に、本郷追分の高崎屋というのは、時節柄戒心して、夜は店舗を角材格子作とし、固く鎖して二階に警鐘を釣りたり。然るに、多人数押掛け掛槌《かけづち》を以て打破り、ちん入したる故、警鐘を鳴したれば、近傍より馳集るに、忽ちその両三人を斬殺し、高崎屋の家族七人を殺し、金銀を悉く奪い去る」ここまでは強盗が薩邸の浪士だと断定していないが、その後に、「十二月十八日、浅草市の日なりしが、薩邸潜伏の巨魁《きょかい》三名、品川ドド相模（土蔵相模《どぞうさがみ》の誤り）に遊蕩《ゆうとう》すと聞き、直ちに逮捕に向いたるに、二人取逃し、一人斬捨《きりすて》、確証を得、

尚精査するに愈々相違なし」とある。

これと同じことが「南紀徳川史」に出ている。土蔵相模の客のうち斬り伏せた者の首級《しゅきゅう》を、本所御船蔵に梟《きょう》すべく十五歳の山下栄蔵が、外一人と共に持って行く途中、赤羽で夜明けに近づいたので同所に梟した。同夜品川で討漏《うちもら》した二人の内、駕で逃れた一人が海軍顕官《けんかん》たる伊藤某の由、その時、舁夫《よふ》たりしは今現に貴族院に出入し、「あの人は夜盗を働らきし旦那也」といっていたとある。

当時の江戸の状況は書けば限りがない程である。この状態では、すでに八丁堀も加役も刃が立たず役立たなかったので、幕府は、庄内藩をはじめ親藩諸藩と、五千石以上の旗本達にその警備を命じていたが、愈々三田の薩邸焼討を決行するに当っては、如何ような体制が作られたのであろうか。

江戸の治安悪化

江戸中が三田浪士の御用盗に荒し廻された以上に、幕府を驚愕させたのは、十一月朔日《さくじつ》の夜（慶応三年、一八六七年）、薩州《さつしゅう》藩と土州《どしゅう》藩が浪士と謀《はか》って八千余人で、江戸城の近くに放火し、勢いに乗じ西の丸に乱入、和宮《かずのみや》様と天璋院《てんしょういん》とに御立退きを乞い甲府に御供した上で、京都に攘《じょう》夷《い》即行を請願《せいがん》する企てがあるという、噂が拡まった
米沢藩の記録によると、そういう陰謀が発覚して形勢頗る迫っているので、江戸にある米沢藩

の世子《せいし》上杉茂憲《うえすぎもちのり》は万一の場合には登営《とえい》して和宮様を御守護申上げることに評議が決し、米沢から藩士を急行させたとある。ひとり米沢藩上杉家だけでなく、この時、佐幕《さばく》の藩はおよそ同様であった。

薩州・土州藩士の間で、それに似通った計画があったのではあるが、土州藩は藩の大勢が変化して、そういう事が出来なくなり、後は薩州が独立で別の方法をとってやる事になった。

土州藩ではこの事に当ったのは後の板垣退助《いたがきたいすけ》で、この計画に加わって奔走、いざという時、陣頭に立つ一人は相楽総三であった。相楽と板垣とはこの時の関係で、市中で幕吏《ばくり》に追いかけられた相楽が、土州邸に飛びこみ、板垣に隠匿され、又、板垣が幕吏に追いかけられた時、相楽は赤坂の実家に隠匿し、互いに助けあった、そういう事があるので、その後相楽が捕縛《ほばく》され死刑になったと聞き、板垣はその非を鳴らし、相楽を惜しんで深泣した。こういう事もあったのである。

幕府は薩土両藩陰謀の風聞に驚き、在江戸の諸侯を召集し出兵させた。その当日と噂された十一月朔日は何事もなかった。が、油断ならずと、江戸城の諸門を固め、幕兵を諸所に配置の計画をした。

流言続出、さまざまのことが市中に拡まるその一方、十一月から十二月へかけて江戸市中に事故が次から次と起った。

幕府はそこで次に列記した諸家にむかい、「市中強盗暴行致し候に付、銘々屋敷最寄七、八町を持場に相立、昼夜巡邏致すべく候」と命令した。

松平《まつだいら》中務大輔親良《ちかよし》（三万二千石・豊後杵築《きつき》）
有馬《ありま》遠江守道純《みちずみ》（五万石・越前丸岡《まるおか》）
戸沢中務大輔正実（六万七百石・出羽新庄《しんじょう》）
真田《さなだ》信濃守幸民《ゆきたみ》（十万石・信州松代《まつしろ》）
松平摂津守忠恕《ただひろ》（三万石・上州小幡《おばた》）
本多能登守忠紀《ただとし》（二万石・奥州泉《いずみ》）
水野日向守勝愛《かつざね》（一万八千石・下総結城《ゆうき》）
三宅備後守康保《やすよし》（一万二千石・三州田原《たわら》）
保科弾正忠正益《まさあり》（二万石・上総飯野《いいの》）
内藤長寿麿政養（一万五千石・奥州湯長谷《ゆがや》）
堀田豊前守正毅（一万三千石・江州宮川《みやがわ》）
柳沢伊勢守光昭《みつてる》（一万石・越後黒川《くろかわ》）
丹羽長門守氏中《うじなか》（一万石・播州三草《みぐさ》）
松平主計頭直哉《なおとし》（一万石・雲州母里《もり》）
青山左京太夫忠敏《ただゆき》（六万石・丹波篠山《ささやま》）
秋元但馬守礼朝《ひろとも》（六万石・上州館林《たてばやし》）
水野真次郎（五万石・羽州山形《やまがた》）

松平伊賀守忠礼《ただなり》（五万三千石・信州上田《うえだ》）
西尾隠岐守忠篤《ただあつ》（三万五千石・遠州横須賀《よこすか》）
酒井《さかい》紀伊守忠良《ただよし》（二万五千石・出羽松山《まつやま》）
本多《ほんだ》豊後守助成《すけしげ》（二万石・信州飯山《いいやま》）
黒田筑後守直養《なおたか》（三万石・上総久留里《くるり》）
板倉甲斐守勝尚《かつなお》（三万石・奥州福島《ふくしま》）
増山対馬守正修《まさなお》（二万石・勢州長島）
阿部駿河守正恒《まさつね》（二万石余・武州岡部）
水野肥前守忠順《ただより》（一万五千石・上総鶴牧）
牧野遠江守康済《やすまさ》（一万五千石・信州小諸《こもろ》）
遠藤但馬守胤城《たねき》（一万二千石・江州三上《みかみ》）
酒井左京亮忠経《ただつね》（一万石・越前敦賀《つるが》）
稲葉備後守正善《まさよし》（一万石・房州館山《たてやま》）
安部摂津守信発《のぶおき》（二万石余・武州岡部《おかべ》）
板倉摂津守勝弘《かつひろ》（二万石・備中庭瀬《にわせ》）
渡辺丹後守章綱《あきつな》（一万三千石余・和泉伯太《はかた》）
松平大蔵少輔勝行（一万二千石・下総多古《たこ》）

間部《まなべ》下総守詮道《あきみち》（四万石・越前鯖江《さばえ》）
永井日向守直介（三万六千石・摂州高槻《たかつき》）
内藤若狭守頼直《よりなお》（三万三千石・奥州磐城平《いわきだいら》）
安藤理三郎（三万石・奥州磐城平）
大久保三九郎（三万石・下野烏山《からすやま》）
田沼玄蕃頭章尊（一万石・遠州相良《さがら》）
戸田淡路守氏良《うじよし》（一万石・美濃大垣新田《おおがきしんでん》）
森川内膳正（一万石・下総生実《おゆみ》）
松平丹後守信圭（一万石・駿州小島）
米倉丹後守昌言《まさこと》（一万二千石・武州金沢《かなざわ》）
酒井鉎次郎忠実《ただみつ》（一万二千石・房州勝山《かつやま》）
牧野伊勢守忠泰《ただひろ》（一万一千石・越後三根山《みねやま》）
米津伊勢守政敏《まさとし》（一万一千石・出羽長瀞《ながとろ》）
山口長次郎弘達《ひろよし》（一万石余・常陸牛久《うしく》）
永井信濃守（一万石・泉州櫛羅《くじら》）
堀《ほり》右京亮之美《ゆきよし》（一万石・越後椎谷《しいや》）
井上辰若丸（一万石・常陸下妻《しもづま》）
井上宮内（一万石・下総高岡《たかおか》）

これより先、松平大和守道克（十七万石・上州前橋《まえばし》）堀田相模守正倫《まさとも》（十一万石・下総佐倉《さくら》）鳥居丹波守忠宝《ただとみ》（三万石、下野壬生《みぶ》）酒井左衛門尉忠篤《ただずみ》（十七万石余・羽州鶴岡《つるおか》）の四家が、「当節は物騒《ものさわが》しいから、町々を巡邏し、仮屯所へ夜中家来を詰めきらせ、持場を決めて繁々見廻り、盗賊その他怪しい者を見掛けたら召捕れ、抵抗したら斬棄てにしてもよろしい。非常の場合はかねて達しの場所へ引揚げ、警衛に差支えのないようにせよ」

こういう命を幕府からうけ、既に江戸市中の治安維持に取りかかっていた。それに加えて今いった如き、六万石から一万石までの五十数家に、動員させたのである。

その当時の江戸の市街地が、どんな風であったか、これだけでも推測が出来る。

市中へ巡邏を出したのはそれだけではない。幕府直轄の遊撃隊三十人、別手組《べつてぐみ》から銃隊五十人、散兵《さんぺい》百六十人、追かけて別手組百五十人、これにも市中警戒を命じた。

これらの人々は幕府から再三にわたり、「悪徒どもが徘徊して諸民に難渋をかけるから、人数を増し、昼夜を限らず、市中を巡邏し、疑わしい者は捕縛して町奉行へ引渡し、手に余ったら討棄てにし、その事情は詳しく申立てるには及ばぬ」といわれた。

怪しかったら構わず討取れである、そこまで治安状況が悪くなっていた。

（この状勢下では町奉行は単なる、逮捕者を投獄する連絡係にすぎなくなってしまっていた）

幕府では、別に三千石以下の直参《じきさん》で五十歳以下の者に対し、非常の場合、静寛院《せいかんいん》の宮様、天璋院以下の立退きの供と警護をするべく内命した。この他、将軍家家族その他の非常立退きの手配をもつけ、万一に備えていた。

状勢の険峻《けんしゅん》なること知るべしである。

（静寛院の宮は、前帝孝明天皇《こうめいてんのう》の皇妹《こうまい》であり前将軍家茂《いえもち》の未亡人だ）

薩摩屋敷焼討

慶応三年十二月二十三日七ッ半（午前五時）とおぼしき頃、江戸城二の丸に火災が起った。

その前前日の十二月二十一日は、大坂城にいる十五代将軍徳川慶喜《よしのぶ》の将軍職辞退を朝廷で御聞届になった日である。

筋違見附（現在の万世橋付近）

火災は「続徳川家紀《とくがわじつき》」に拠ると、二の丸の御広敷長局《おひろしきながつぼね》辺から起り、燃えひろがって二の丸炎上となったもので、「天璋院様、実成院様、一旦三の丸へ御立退、それより吹上御苑《ふきあげぎょえん》滝見茶屋へ御立退遊被、唯今西丸へ被為入候段、御広敷御用人《ごようにん》並に御近御用人《おそばごようにん》より申し越」とある。天璋院は島津斉彬《しまづなりあきら》の女《むすめ》で、前々将軍家定《いえさだ》の夫人、名は敬子《すみこ》、近衛忠熙《このえただひろ》の養女である。

この火災を失火として幕府は、表面、処罰者を出して繕った。その実は天璋院が薩藩の出身であるから、侍女のうちに薩邸の浪士と気脈を通ずるものがあり、手引きして放火させた、こういう鑑定である。

失火か放火か今でもこれを明白に決めることは六かしい、しかし、薩州人の伊牟田尚平《いむたしょうへい》が主となって、二の丸に忍び入り、放火したのだという説がある。（中略）

二の丸の炎上があった後、幕府は驚愕して配置を新たにし、警戒厳重を極め、見付《みつけ》見付はもとより、新し橋、喰違い、水道橋、昌平橋、和泉橋、下谷新橋等に幕兵を配置し、一石橋、日本橋、江戸橋、鎧橋、湊橋、豊後橋等にも五ツの藩を配置し、その他、不備だったところを修正し、やがて起るかも知れない非常に備えた。

ところが、二の丸の炎上の前の晩（十二月二十二日）事件が一つ起っていた。それは庄内藩酒井左衛門尉の手の者の屯所へ、鉄砲を撃ち込んだものがあるという事件だ。

◇

庄内藩に属していた新徴組《しんちょうぐみ》の小頭、中川八郎と庄内藩の徒士目付《かちめつけ》鈴木弥源太が、一組二十五人の部下を率いて、持場である芝三田界隈を巡邏して、赤羽橋際にあった蕎麦屋で美濃屋というのが屯所になっていた。そこへ帰って来て、夜食をとるため大半の者が草鞋《わらじ》を解いた。既に足を洗って畳の上へあがった者もあれば、足を洗っている者もある、そういう折柄、外から小銃がバラバラ射ちこまれた。

六番組のものがぎょッとしている中で、大島百太郎という気丈で気早の者が、刀を引ッつかみ、裸足で外へ飛んで出て、左右を見たが、中の橋方面にもその反対の今の芝園橋方面にも、人影がまるでない、察するに射ちこみッ放しで、すぐ姿を隠したものらしい。そのうちに全員が出て四方に追跡を試みたが姿が見えない、とはいうものの、感じでは、すぐ近くの薩摩屋敷へはいったと思える。さもなくして急に十人以上二十人ぐらいと思える人間の姿が見えなくなるという事はない、こう思った。

これが寒い晩のことで道路が凍ってかちかちになっていたという。翌二十三日の晩、又も小銃の射ちこみがあった、今度は美濃屋の屯所でなく、今の三田通りの東側、春日神社の前に吹貫という寄席《よせ》があった、そこを借りて庄内藩の次三男坊ばかりで編成した火器隊（新徴組《しんちょうぐみ》）のものが、休息時間で、晩飯に集まっている、そこへ、十発か二十発か射ちこんだ。

銃声に驚いて二階住居であった寄席の亭主が、梯子段をドンドンと急いでおりたが、その足音を聞いて応戦に出たと思ったのか忽ち射殺した。死者は亭主ともう一人、寄席の雇人の男が台所で即死を遂げた、この方は流弾《ながれだま》にあたったのである。この時も何者が射ちこんだか、追跡したが姿が見当らない。いよいよこれは近くの薩邸の浪士のやったことだと、庄内藩側の者の勘が働いた。

上の山藩の藩士も幕命で、白金、二本榎に屯所を設け、伊皿子《いさらご》から二本榎、白金を持場とした。この方の屯所には何ごとも起らなかった。

(無給にひとしい親分株の岡ッ引は、同心から資本を貰って商売をしていることもあり、この屯所になった蕎麦屋の美濃屋、寄席の吹貫などは、その岡ッ引の親分経営の店であったのであろう)

相模の荻野山中の大久保出雲守の陣屋を焼討ちした残党は、奪った大砲一門と金品とを、人馬を雇って三田の薩邸へ運搬させた、これは馬方《うまかた》人足の届出その他で判った。

二の丸の炎上、浅草蔵前札差伊勢屋事件、大川で発砲した一件、これも薩邸の者だった。それやこれや、中小幾つかの事件が薩邸浪士と結びつけられた。市中見廻りの幕府側の者と、衝突したものの中に薩邸の浪士が勿論すくなくない、が、薩邸浪士を扮う偽者も又すくなくなかった、それも薩邸浪士に結びつけられた。

庄内藩のうちに烈火の怒りが燃え立った。その一方で、政治的動きが、幕府の内部で、火となり水となり、揉み合っていた。

この双方を代表する人物は勝《かつ》安房守義邦《よしくに》と小栗上野介忠順《おぐりこうずけのすけただまさ》とである。勝は薩州邸の浪士どもが蠢動《しゅんどう》するに任かせて置け、取潰すにはそれだけの事をやらせ、それからやれ、そうでないと取返しのつかない結果がくると、こういった風な主張をもっている。山岡鉄太郎なども薩邸の浪士討伐は時期尚早《しょうそう》だといっていた。

勝と正反対の主張の小栗上野介は、薩長を倒すだけの自信を持っていたのだから、薩邸の浪士退治すべしという所論を強く執っていた。勝の主張を幕閣で採りあげるか、小栗の主張を採りあげるか、二ッに一ッの場合に、この時はもうなっていた。寄席吹貫席の屯所の発砲事件があった翌日（十二月二十四日）の昼、庄内藩の執政松平《まつだいら》権十郎親懐《ちかひろ》が喚ばれて江戸城に登ると、老中若《わか》年寄《どしより》列席の前へよばれた。

このときの老中と若年寄とは次の人々だが、この全部が列席したか過半だけか、それとも少数だったか不明である。

先任順で列記して置く。

老中　板倉伊賀守勝静《かつきよ》
同　松平周防守康直《やすなお》
同　稲葉《いなば》美濃守正邦《まさくに》
同　小笠原《おがさわら》壱岐守長行《ながみち》
老中格　松平縫殿頭乗謨《のりかた》
同　稲葉兵部正巳《まさみ》
老中　松平伊予守定昭

若年寄　大関《おおぜき》肥後守増裕《ますひろ》
同　石川若狭守総管《ふさかね》
同　永井肥前守尚服《なおこと》
同　松平左衛門尉近毅
同　戸田大和守忠至《ただゆき》
同　堀内内蔵頭直虎
同　永井玄蕃頭尚忠

庄内藩側の文献等に拠ると、この日、松平権十郎と接触したのは水野和泉守忠精《ただきよ》（羽州山形藩）だという、が、水野はそのとき老中ではないから、中渡しをしたのだろう。

幕府側では「薩州屋敷の浪人共の儀、市中を暴行し、且つ野州出流山にて召捕りたる竹内啓等の申口《もうしぐち》にも、薩州邸に同志の者多分にこれあるという、且つ二十三日の夜暴発したる者も残らず薩邸へ立入りたる由、右様にては御取締相立たず、御取締のことは専ら御家（庄内藩をいう）御引請のこと故、人数を差向け犯人共引渡しを交渉の上、先方の挨拶次第にて討入り然るべし」と、こういう。これはそれまでに再三の下交渉があった上であった。

松平権十郎は命令をすぐ承服しなかった。「御命令の通り、薩州屋敷の然るべきものに、これまで市中を暴行し、屯所に発砲した犯人の引渡しを求めますが、到底引渡すことはないと存ぜられます。そうなると武力でやることに相成りますが、庄内藩一手でそれをやっては、屯所に発砲された私怨《しえん》を含んだものと、後世のものから観られます。これは快して私怨でなく、市中御取締命ぜられた庄内藩の職責上、やることですから、他家と聯合《れんごう》の上でなくては、面目上、致しかねます」と述べた。幕府側はそれを承知した。

その晩、松平伊豆守信庸《のぶつね》（羽州《うしゅう》上の山藩三万石）大岡主膳正忠貫《ただつら》（武州《ぶしゅう》岩槻《いわつき》藩二万三千石）間部安房守詮道（越前鯖江藩四万石）この三家に切紙《きりかみ》により重役召集状が飛んだ。

上の山藩松平家からは先ごろ江戸へのぼったばかりの家老山村縫殿ノ助（弘毅）に、留守居役仁科大之進が付添って登営《とえい》した。

岩槻藩大岡家、鯖江藩からも、家老が留守役付添いで登営し、大目付木下大内記（利義）目付松浦越中守、長井筑前守の列座で、木下大内記から、「三田一丁目松平修理太夫（薩州藩主のこと）上屋敷内に浪人ども潜伏し、夜々、市中商家へ押入り金銀を奪い去るのみならず、容易ならざる企これ有るやに聞く。不届《ふとどき》につき召捕り方、酒井左衛門尉家来へ申達したる間、左衛門尉家来と申し談じ、討手に向うべし。万一、手に余らば臨機の取計いこれあるべし、且つ、家柄の儀につき、格別励精あるべきなり」と、命令が達せられた。

三家とも承服してそれぞれ大いそぎで藩邸へ帰った。討手に向うのが明朝未明とあるので、準備を速かにしなくてはならない。

三家のうち、鯖江の間部家の上屋敷は常盤橋内、岩槻の大岡家の上屋敷は辰の口の角で、この二家とも近い。上の山の松平家は麻布の新堀端で一番遠い、山村縫殿ノ助が帰邸したのはそれが

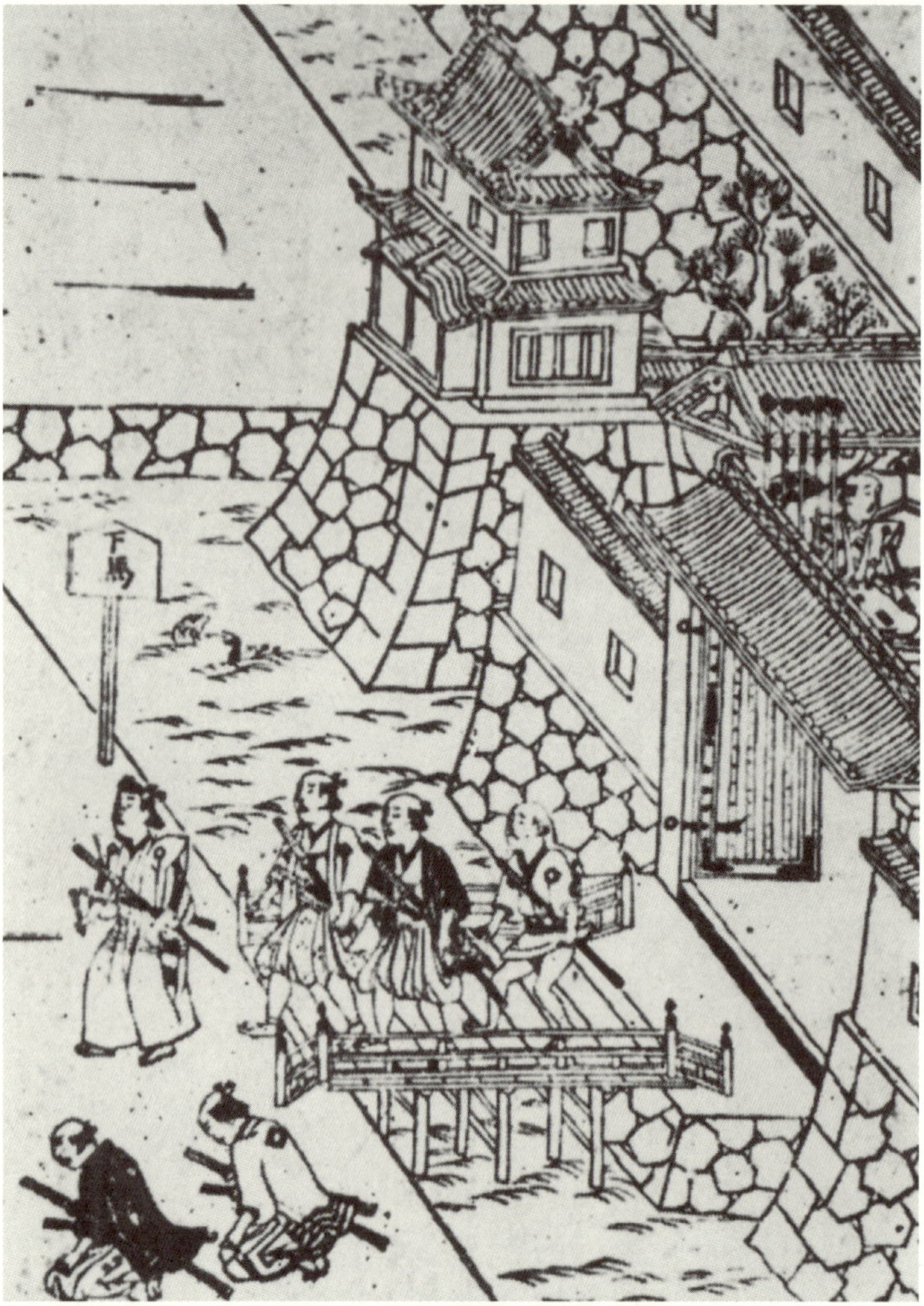

江戸城を退出する殿様（菱川師宣画）

為に夜の九ツ（夜零時）であった。

◇

薩邸浪士討取りの命がくだって、藩の代表者が退出した後から、幕府は使番を遣はすのが例である。幕末も慶応となると古例古格《これいこかく》がひどく乱れていて、その中には良くなったのもあり、悪くなったものもある。当時、使番勤役中《つかいばんきんやく》の旗本の士で、薩邸討払いの軍目付《めつけ》を命ぜられた梶金八の談話筆記が残っている。その中の一節にこういうのがある。

使番のうちから指名で、目付部屋《めつけべや》へ呼ばれた、酒井家他三家（梶金八は「他四家」といっている）へ、今日、出兵に就き上使《じょうし》を以って御達しに相成るべき間、就いては、途中、如何わしき者を見受け候えば、召捕り又手余り候えば討取り申すべしといわれた。その頃はえらい省略で、士一人、馬丁《ばてい》一人、草履取一人、たった三人で上使に行くのだから、如何わしき者を召捕るどころかである。況んや討果すなどという働きは出来ない、白昼なら兎に角、夜中ではとてものことである。そこで上使に当った者が、若年寄に願って、先刻のご沙汰は承知仕りましたが、何分にも士一人、草履取一人、馬丁一人では致方がございませぬ故、歩兵一小隊の拝借をと請うた。

若年寄は至極尤である、早速陸軍奉《りくぐんぶ》行《ぎょう》へ申付けるといったが、陸軍奉行の方では、そんな事につかう歩兵は一人もつくっていないと手酷しく突っぱねた。それが使番の方へ達しになったので、使番一同が御役御免を願った。一同といっても、本番《ほんばん》と加番《かばん》と御使心得とは、他に役目があって上使を命ぜられないものなので、この人達は御役御免に参加しなかった。そんなわけで、使番が行ったのは神田橋に上屋敷のあった庄内藩酒井家だけで、後の三家は、夜が明け、朝五ッ(午前八時)ごろであった。士気の弛緩《しかん》、事務の遅滞、まことに眼のあてられぬ様子であった。

攻撃準備

幕府は庄内・上の山・鯖江・岩槻の四藩に討伐《とうばつ》を命じたが、これは直接闘うもので、戦闘区域と予測される外廓に幕兵を総動員し、それとともに、市中の巡邏をかねて命じてある藩。万一の場合、見付とか橋とか、それぞれあらかじめ、部署受持ちになっている藩。それらを動員して、芝三田の薩摩屋敷を中心に、飯倉・増上寺前・金杉橋《かなすぎばし》・麻布一の橋・聖坂《ひじりざか》・二本榎・猿町と、包囲の形をとらせ、一方だけ空にさせた。一方だけというのは、三田通り、又は薩邸裏の七曲り辺から高輪品川へかけての道路である。三方を緊《きび》しく包囲し、退路《たいろ》を一方だけ明けておく、こうすることによって、窮鼠《きゆうそ》の狂暴を除こうという戦略だ。

幕府の急激派は、早くから薩邸討払いを断行せよといっていたのだから、討払いについて、幕府の雇い教師だったフランスの砲兵士官ケビテイン・ブリウーネに教えを求め、ブリウーネはそれに対し、野戦四斤砲、四斤線条山砲による薩邸攻撃の法則を示した。

当時の日本では、フランス砲兵科の、そのころの幼稚な攻撃法でも、実に大したものだったろう。ブリウーネは邸のよく見える地点を選んで砲を据え、榴弾《りゆうだん》発射によって、戸ならびに窓を破壊せよ。門ならびに戸にして間隙《かんげき》あるところは霰弾《さんだん》射を行え。仰角《ぎようかく》射は五百メートル以上においてなせ。敵の脱出者あるときは霰弾射を行え、その場合特に距離に注意せよ。というが如きを始めとして、相当細かく文書として述べている。戦略には及んでいない。しかし、金杉橋方面から薩邸を包囲した幕兵の指揮者の中に、紅毛碧眼のものがいたという。

◇

攻撃の中心勢力である庄内藩は、士分七百余名、足軽《あしがる》徒士《かち》中間《ちゅうげん》を入れて二千名、その他残らず入れても三千未満であったという。そのうち士分《しぶん》七組といって、二十五人一組が七小隊、小姓組一組、それに徒士組、その他、幕末になってから、士分の次三男で殺刺隊（槍隊）・火器隊（銃隊）・寄合組六小隊・奇縦隊、それに新徴組《しんちょうぐみ》三小隊（一小隊五十人ずつ）・新徴組二小隊（一小隊五十人ずつ）蝦夷組二小隊（一小隊五十人ずつ）足軽組二十一小隊・大砲隊九分隊（一分隊に砲二門又は三門）およそこのくらいである。

これが江戸にことごとくいる訳ではない。これらの兵制のうちから、薩邸攻撃に士分七組のうちから一組も出さず新徴組と新整《しんせい》組とで約三百人、徒士の大砲隊三分隊、足軽組が六組、この一組は二十五人ずつの銃隊、これらが神田橋内と柳原の薩邸から、西丸下の酒井左衛門尉預りの屋敷で、俗に伊賀屋敷といったのに、夜中に、どンどン繰りこんだ。

飯田町に屋敷のある新徴組と新整組も繰りこんだ。指揮は家老石原倉右衛門。大砲隊の指揮は中世古仲蔵と決定した。この時、案内役にたったものは甘利源次郎というもので、薩邸内の様子に詳しい、間諜《かんちょう》ではいっていたという。

〃八王寺の変〃の間諜は原宗四郎、又は原惣十郎といい、会津浪人で本名は甘利健次郎だとある。源と健である、同一人だろう。

上の山藩松平家は藩主松平伊豆守信庸が自ら出馬し、直接の指揮は金子六左衛門清邦である。金子は金子与三郎といった方が有名である。人数は槍隊（五十人）・銃隊四隊（二百人）・二門の大砲を有する大砲隊（三十人）・輜重隊《しちょうたい》（五十人）その他を合して三百余人、そのうち、戦闘員二百五十人、その他に予備隊として、医師三名、他の部下五十人。

鯖江藩間部家の兵力はイギリス式で八小隊三百二十人、大砲六門を有する大砲隊、その他に卒《そつ》隊《たい》がある。江戸にはさして多数をおらず、このとき出動させた兵数を、庄内側では五、六十人といっているが、少なくとも士隊卒隊で百人に大砲隊が加わっていた。

岩槻藩大岡家の出動させた兵数はよくわからない、五十内外だったろう。したがって当日の激戦は庄内、上の山の両藩が主で、鯖江藩は上の山藩の右翼となって闘かい、岩槻藩は殆ど血を流していない。幕府から朝倉藤十郎、長坂血槍九郎、水上藤太郎が検視で同行した。

荘内藩の「続藩翰譜後御事蹟」（白井《しらい》吉郎重高《しげたか》）には〃為加勢㆒陸軍方可㆓指遣㆒、松平大和守、松平伊豆守、松平和泉守よりも人数を可㆑出旨被㆑命〃とあるが、これは第一線と第二線、つまり直接ぶつかるものと後詰とを一諸にしている。

◇

庄内藩では、早くから薩邸に目をつけ、新徴組から永矢源蔵・中追多内という両名が浪士をよそおい、間者《かんじゃ》にはいった。

永矢源蔵の方は観破《かんぱ》されずにいたが、中追多内の方は間者と疑われ、捕えられて責められた。容貌も態度もウス馬鹿にみえるこの男は、それでいて、強情我慢が人並外れて強い。或るときなどは後手っこに縛られ、梁《はり》へつるされたが口をわらない、その為に、「こ奴に間者が勤まる筈がない」と放免された。

間者の報告で、薩邸糾合所屯集の浪士は、或る時は三百五十人ぐらいおり、或る時は二百人ぐらいいる、常に同じでないが、総体では五百人内外だろう、常に居合わす数は百五十人から二百五十人見当であるという事が、庄内藩にわかっている。食糧の貯蔵はすこぶる多い。草鞋の用意も充分ある。武器武具もある。馬匹《ばひつ》は十六頭いる。そういう事があらかたわかっていた。この日、庄内、上の山、鯖江、岩槻四藩の邸は、それぞれ、他の諸侯が兵を出して護衛した。

◇

この日、伝馬町《てんまちょう》の獄内で薩邸浪士が二人斬られて死んだ。森田吾市（三十一）と町田栄司（三十二）だ。二人とも岩船戦争から江戸へ引返し、薩邸へはいらぬうちに捕えられ、森田は吟味に対し「薩州だ」とのみで、生国《しょうこく》も本名もいわなかった。町田はこれも吟味に対して、「江戸赤羽だ」とばかりいって、他のことはいわなかった。江戸赤羽とは、薩邸上屋敷の処在地をおおまかにいったのである。幕府側からいえばこれは血祭りだ。

◇

十二月二十四日の夜のこと、薩邸浪士の最高幹部の一人、権田直助《ごんだなおすけ》の門人で、すこしのうち薩邸にいたことのある井上《いのうえ》肥後（頼圀《よりくに》）が、下谷源助町の小十人組《こじゅうにんぐみ》室田与左衛門方に泊っていると、四ッ頃（夜十時頃）、廻状《まわりじょう》が来た、与左衛門へ来たのでなく、別手組《べってぐみ》調役《しらべやく》を勤めている総領の室田平兵衛へ来たもので、「戎服《じゅうふく》着用で鉄砲持参、直ちに詰所に集合せよ、行先は詰所にて申聞ける」

こういう文句である。井上は今までの行きがかりから考えて、これは正しく薩邸の浪士を討つのだと気がついた。師の権田直助は薩邸を出立、既に京都に着いている。残っているのは落合源《おちあいげん》一郎《いちろう》の水原二郎だ、水原にこの事を知らせなくてはならぬと、室田に怪しまれぬように機をみて出て、急いで赤羽橋まで来たら、既にこのときは交通遮断が行なわれ、捕縛《ほばく》しかねまじき権幕の幕兵が、何といっても通さない。薩邸へ赴くには、時機が、もう去っていた。薩邸の外にいる益《ま》満休之助《すみつきゆうのすけ》が、幕府がいよいよ薩邸へかかってくるぞと、知らせの者を出したが、これも交通遮断がきびしく遂に達しなかった。

伊牟田尚平も薩邸内にいなかった。品川に碇泊《ていはく》している薩藩の汽船鳳翔丸《ほうしょうまる》へ、二の丸炎上のあった日から行って上陸せずにいる。

◇

十二月二十五日未明、赤羽橋に四藩の攻撃隊が勢揃いをした。庄内藩は伊賀屋敷に集まった兵に夜食を食べさせ、一睡させ、夜中に起床すぐに集合、「これから薩邸へ押寄せる」と、初めて行動の目的を明らかにした。庄内兵は躍りあがって喜んだ。さて出発となり、桜田門にくると、幕兵が堀端に整列していた。門には冑《かぶと》武者が詰めていた。桜田門から真つすぐ赤羽橋へ出た。赤羽橋へ着いたところ、夜がほのぼのと明け始めかけた。

上の山藩は麻布から来たり、岩槻・鯖江の両藩とも丸の内方面から来た。主なるものは庄内藩だから、戦闘配置は庄内藩から出た。

「上の山藩は薩州邸の南隣なる阿波藩（蜂須賀阿波守茂昭）中屋敷・高松藩（松本讃岐守頼聴）中屋敷を根拠とし、戦機を待ち、戦闘に移ってからは万事適宜にせよ。鯖江藩は上の山藩と協力せよ。岩槻藩は薩邸の南門を固めよ」。

言葉は違うが内容はこのとおりの部署配置が忽ち示された。

勢揃いを解くと四藩ともすぐ行動に移った。庄内藩の持場は、三田通り薩邸の西門を一方の終わりとして北に延び、三田通りへ小山通りから出てきて交流する処にある。薩邸の物見から正門通りを東へかけて南に曲って用心門、それから薩摩屋敷の七曲りといわれた裏手一帯にかけてで、その端は岩槻藩の持場と結びついている。岩槻藩の隣接したところを鯖江藩が受持ち、その続きを上の山藩が受持ち、上の山藩の続きを庄内藩が三田通り薩邸西門で受け継ぐ、こういう陣形で、朝六ツ（午前六時）ごろ、完全な包囲線がつくられた。

四藩の将兵は全部、槍の鞘《さや》をはらい、小銃は実弾をこめ、大砲は位置を選定して装塡《そうてん》し、「談判手切れ、打ちかかれ」の使者の来たるを、今か今かと固唾《かたず》を呑んだ。日が出て明々となり、空も澄んでいたが、寒い。雪かと思うばかり、おそろしく霜の降った朝である。

驚いたのは松本町、三田の町家《まちや》である。あすは納めの天神の日だ、愛宕の年の市だ、といっていたのに、夜明けごろから妙に人通りがあると怪しんで起きてみると、戦争開始の直前の光景だ。開けかけた戸を再び閉めた。

中には戸を叩かれ、水を汲んで出すことを命ぜられた家もある。そのうちに避難がはじまった。

◇

庄内藩の大将石原倉右衛門は、白糸縅《おどし》の鎧に兜をいただき、陣羽織《じんばおり》を着け、手に采配《さいはい》を執り、馬に乗っていた。大将はそういう武装だが、部下は各隊ともそれぞれ違っていた。或るものは羽織袴で腹巻を着けている。或る者は市中巡邏のときと同じ服装でいる。

新徴組、新整組の者は、多く稽古用の革胴を着け、籠手《こて》だけは本物を着けた。新整組の頭である俣野市郎右衛門は羽織袴で宗十郎頭巾という異風だッた。俣野などにいわせると、石原の扮装は仰々し過ぎるという。石原などにいわせると、多寡《たか》を括《くく》ったる扮装のあれらは油断者だと俣野を批評したという。薩邸では正門をはじめ、全部の門を閉鎖した。正門は芝山内の五重塔と松本町の町家と桜川を挾んで相対した位置にあった。堂々たる黒塗り破風《はふ》づくり、銅葺《どうぶき》屋根で島津の家紋を三ヶ所打ってある。面番所《めんばんしょ》は型の如く左右にある。外に面したところは物見と長屋と用心門その他の門で、それ以外は厚さのすこぶるある土塀をめぐらしてある、その高さ七尺許り、屋敷の外の総体に約二尺の溝が設けられ、諸所に切り石が地中からその一端だけ出してある。
攻撃軍の主役たる石原倉右衛門が、一人の男をさしまねいた。日の出の色を満身に浴びて、妙な日本人が石原に近づいた。その男は西洋服をつけ、革靴を、ぎゅぎゅ踏み鳴らしていた。

談判決裂　開戦

三田通りの往来にいる石原倉右衛門にさしまねかれたのは、安部藤蔵といって庄内出身の人で、伊豆韮山の江川太郎左衛門《えがわたろうざえもん》の塾にいて、一時、塾長みたいなことをした事もあり、勝海舟《かつかいしゅう》の門下にいた事もあり、外国の事情に通じたその頃での新智識人である。それだけに安部藤蔵は、薩州藩上屋敷焼討ちという際に、わざと西洋服で、斬切髪《ざんぎりがみ》に油を塗り、櫛の目を綺麗につけ、高帽子を片手に、革靴をぎゅうぎゅういわせ、約三百人の庄内藩兵中、ひとり異彩《いさい》を放っていた。安部藤蔵が石原倉右衛門の前へゆくと、下馬して馬の前に立っていた石原が、「談判を始めてくれ」と言った。

安部は心得て、藩邸の正門前におもむいた。黒塗りの厳《いか》めしい正門は二枚開きの大きな扉が、おびただしく打ってある大きな鋲《びょう》で飾られ荘厳《そうごん》に見える。前いったとおり、ここもぴッたり閉じてある。庄内藩のものが扉を叩き、大声で、

「開門々々」といっている。中からは返答がなく、ひっそり閑《かん》としている。庄内兵はいよいよ高い声で、「開門々々」とやっている。

安部は兵を静かにさせ、扉越しに、自分は正式な談判係であることを口頭でもいい、名札を扉の下の隙から門内へ入れ、「そこにいる薩州藩の者、その名札を篠崎彦十郎君に取次なさい」と命じた。安部に限らず、ここへ今日押寄せた庄内藩の主脳部の者は、邸内の糺合方《きゅうごう》の屯集している浪士の主なる二、三の姓名と、薩藩士で、ここの屋敷にいる者の姓名を探知していた。

篠崎彦十郎の使者が、やがて正門の内側にきて、「安部藤蔵殿に篠原がお目にかかります、ただ今、御案内します」そう言って開いたのは正門の扉ではなく、右側面番所の脇にある通用門であった。安部は靴を鳴らしながら門内へはいった。それに続いて庄内の槍隊の者がはいろうとしたが、素早く通用門が閉じられ、一人もはいれなかった。

正門脇の通用門（北向き）からはいると、すぐ目の前に大きな建物があって、剛健な趣きを持たせた表玄関がそこにある。安部が玄関の前へゆくと、薩邸の留守居役篠崎彦十郎が出てきた。篠崎の脇に留守居役添関太郎がついていた。すぐに談判が始まった。そのうしろで目付役児玉雄一郎が聞き耳を立てていた。

安部が談判係に選ばれたのは、諸藩の間に顔が知られているという事と、庄内訛りがなく、その頃の標準語で相当に雄弁である。そういう事の為であった、単身で玄関前に立った安部は、「ご邸内に、江戸市中を劫掠《ごうりやく》し乱暴狼藉《らんぼうろうぜき》を極めたる浪人が潜伏している。その者共をお引渡し願いたい」と切り出した。篠崎は、「浪人がいるかも知れぬが、果して仰有る如き乱暴を働いた者かどうか不明である」と受流した。安部が、「ではお引渡しを拒まれるのですか」と切りこむと、「浪人に有無を調べてからご返辞しましょう」と篠崎は抜けた。安部が追跡する如く、「庄内藩は老中から、貴藩邸に潜伏する浪人を受取れと命をうけ、参ったのですから、是非に受取らねばなりません」。

こういうと篠崎は意外だという顔をして、「徳川家は半ヶ月前、大政奉還《たいせいほうかん》をなすった。随って慶喜《よしのぶ》公は前将軍と申上げ、現将軍でない。将軍職でなくなったのに御老中《ごろうじゅう》が発令なさるというのは間違いでしょう」と突ッこんだ。安部はそれを切り返して、「庄内藩は江戸の取締方《とりしまりかた》を命ぜられている。取締を行うものが要求しているのである」といったが、篠崎は、「幕府はすでに命令を発する職責をもたない。人材揃いの御藩の方々が、天下の形勢をご存じない筈はない」と押し返した。

談判は長びいた。篠崎の〝幕府解消説〟と、安部の〝存在説〟と、氷炭相容《ひょうたんあいい》れない立場の相違は、浪士引渡し問題を他所にして卍巴《まんじともえ》と論戦した、そのうちに安部がはっと心付いた。幕府の現存解消を論じている場合ではない、薩邸討払いをやる順序として一応の談判をする、それだけの意味の談判だ、何ぞ大局を論じて当面の事実から放れていることがあるものかと。そこで安部が、「この上は致し方がありません、お気の毒ながら武力を以て押入り、浪士を受取りましょう」と踵《きびす》を返し、通用門に向かった。こういう時、西洋服をその頃、身につけている安部でもいい方は違っていた。〝武力を以て〟と言わず〝此の方の存じ寄りの如く〟と言ったことと思う。

篠崎はそのとき、「安部さんちょッとお待ちなさい」と呼びとめた。多分、第二段の談判に移ろうとしたのだろう。安部は振向もせず通用門を出た。篠崎はそれを追って来て、「安部さん、しばらく」と通用門から顔を出した。

談判の結果を待ちかねていた通用門外の庄内兵は、安部が通用門を出たときの顔つきで、談判不調と知った。それだけでなく安部は、「もういかん、討入りより他ない」と言った。そう言った時と篠崎が通用門から顔を出した時と、間一髪《かんいっぱつ》であった。庄内藩の逸《はや》り雄のひとりが、咄嗟《とっさ》に槍をふるい篠崎彦十郎を突き殺した。篠崎は四十二歳だった。

庄内の旧藩士の談話に、「新徴組の者で過激なものがあり、死を命ぜられていた。隊長がその者をひそかに生かして置き、この日、隊士に組み入れて連れて行った。その男が槍で第一に薩藩の重役を突き殺し、その功により罪を赦された」というのがある。

門外では「やッた」というどよめきが颯《さっ》と起った。門内では「篠崎氏が」という、電波の伝わるが如きものがぱッと起った。篠崎彦十郎の流血のその刹那《せつな》から戦争に変った。庄内側にいわせると、どちらが先に射ち出したかがわからぬ、双方同時だったろう、あの時は実にそういう状態だったと、後に言っている。薩邸側の浪士から言えば、篠崎が突き殺された途端に、鯨波《げいは》の声が門外に起り、攻撃が同時にはじめられたと、後に言っている。この時、午前七時であった。

◇

薩邸の正門から、東は、将監橋《しょうげんばし》へ合する道路の手前、薩邸の東の地尻を廻って裏手七曲りの内二の曲りから七の曲りまでと、正門から西は、三田通り角の薩邸物見櫓から南へ折れて薩邸の三田通用門まで、これが庄内藩の受持ちだが、始めから近々と寄せていたのでなく、遠巻きであったが、この時、一斉に行動を起した。その一方、使番が、上の山藩、岩槻藩、鯖江藩に飛んだ。

「談判手切れ、打ちかかれ」である。

各藩とも行動に移った。談判が行われている間に、上の山藩は兵を薩邸の南隣りなる阿波徳島藩の中屋敷の内へ繰りこませた。鯖江藩もそれによって、三田聖坂下に控えていた藩兵の約三分の一を徳島藩中屋敷へ、約三分の二を隣接している高松藩邸へ繰りこませた。

岩槻藩は薩邸後方の七軒町《しちけんちょう》に待機していたが、薩邸裏手の七曲りの内、西の方角の一の曲りと二の曲りの間の七軒町通用門を中心にして取りついた。攻撃主力たる庄内藩はというと、左翼隊は将監橋方面に待機させてあった。右翼隊は三田通り久留米藩有馬邸の（現在の恩賜記念済生会）前から、薩邸物見櫓から約六間手前を前線にして待機していた。主将石原倉右衛門は幕僚に相当するものと、護衛兵をつれて右翼隊の一番前の方に控えていた。談判不調、篠崎の流血、安部藤蔵の報告に次いで、攻撃開始を命じ、藩兵は左右両隊とも予定の通りの部署につこうとした。左翼隊は迅速に予定のごとく正門に向かって取付き終ったが、右翼はそうはいかない、談判が永引いている間に、薩邸浪士が物見の二階に据《す》えたのであろう大砲を射ち出すだろう、それでは幕府の軍事顧問であるフランス砲兵士官ブリウーネが、最も不利なりと注意したものに該当するから、物見を焼いて、敵の大砲を失効させなくてはならない、そこで物見櫓を焼払いにかかった。

焼払いは庄内藩の大砲隊が命ぜられた、敵の大砲を失効させるのだから大砲隊の受持ちだという考えである。明治の日露戦役のとき、ロシアのカサック騎兵団の一支隊が、歩兵の任務について大敗北をとったことがある。庄内藩の大砲隊もそれに似寄りの結果でしかなかった。打込んだのは焼玉《やきだま》であるがさっぱり効果がない、「何をしとるか」と催促は急だが、そうして熱心に焼玉を打込んでいるが、全く役に立たない。

これを見ていた庄内の隊長中村治郎兵衛が、「そんな事では埒《らち》があかん、俺の方でやってやる」と、部下に何事か命じた。部下は四方に走った中村治郎兵衛は何ごとでも勝つことが好きも好き、極端に好きだった。この翌年の奥羽の戦役に、勇名を轟かした戦さ上手で、庄内藩の兵力が不足するだろうと予測して、博徒《ばくと》を召集し一個大隊ほどの一隊をつくり、手足のごとく巧みに使った人である。その治郎兵衛がこのとき下した命令は、「そこらの人家から、戸障子を持ってこい」であった。部下が民家の戸障子を持ってくる前に治郎兵衛は、「何くそッ」と手兵を率いて物見に取付き、階下の窓の格子をたたッこわして中へ踏込み、畳をあげ、障子を引ッ外して重ね、放火した。そこへ部下が戸障子を持ちこんだので、焼草に、それをどンどンほおりこんだ。火は忽ち燃えひろがった。

付近の民家の者は屈強の男だけ残り、あとは避難していたので、三田通りの町家も、松本町の町家も、人の数はすくなくなっているが、煙りがあがったので喫驚《きっきょう》した。しかし、どうする事も出来ない、眺めているより他なかった。

激　戦

薩邸内には相楽総三をはじめ水原二郎、科野一郎などの最高幹部以下二百人ぐらい居合わせた。この朝早く、幕府側が押寄せたことを知ったので、「出揃《でそろ》え」の合図があると、すぐ、浪士の全部が糾合所《きゆうごう》（浪士隊の屯所）に集合した。

朝飯をとった者は一人もいない。薩藩側の篠崎・児玉・関、その他数人がそこへ出席し、一応の打合わせをしているうちに、正門前で庄内藩が「開門々々」と叫びはじめた。やがて安部藤蔵相手の談判となった。それまでに浪士はそれぞれ部署についたり、四方に偵察したり、防禦《ぼうぎょ》の準備をしたりした。形勢をみていた相楽総三が鉦《かね》をたたかせた、鉦の音は〝全隊集れ〟である。集合が終ると相楽は、「ただ今は戦闘を主眼とすべき時でない、我が隊は身命を保って京都に引挙げ、引続いて御奉公いたすものである。応戦すべからず、脱出する為のみに戦闘せよ」と訓示し、「敵は東西南北の四方を囲んでいるが、三田通りに面したる当邸の通用門のみ、庄内兵が遠ざかっている。我々が退路をそこに求めて出るとみたのであろう、然ればわれわれが反撃に出でず、退き去るなるべし、という見込みなるべし、庄内藩のその策に応じ、三田通用門より打って一丸となって、三田通りに出で、順路、南を指して引挙げ、浜川鮫洲辺に集合し、船を雇って、沖に碇泊中の薩艦鳳翔丸に乗りつけ、江戸を後にすべし。引挙げ中追跡する敵ありとも応戦すべからず。何となれば我々は、これにて第一の役目を果したるなれば、京都にて薩藩の西郷吉之助《さいごうきちのすけ》殿の

上野の戦争（慶應4年）

指揮を待ち、第二の役目に入るべきなればなり。万一、引挙げの途中、離散の巳むを得ざる場合あらば、その人々は離散後と雖《いえど》も、身命を大切にし、相成るべくは京都に上りて合せられたし。京都の集合地は東寺《とうじ》なり、東寺に同志の姿みえずとも、同寺にて万事わかるよう致し置く。京都に上るを得ざる者は、重々身命を大切に、適宜に潜伏し、我々が第二の役目に就き、関東方面に下ると聞きなば、直ちに来たって合されたし。くれぐれも身命を大切にし、次の御奉公に天晴れ役立てられたい」と指示し、勘定係をして、それぞれに金を分配させた、その額は、半年ぐらいの潜伏に充分な程だった。

そのうちに、篠崎が最初の犠牲となり――関太郎だという説もある。「薩邸事件略記」は関太郎だとしている――敵は攻撃に移り、物見に放火した。相楽は、「長屋に火を放て」と命じた。長屋は正門を中にしてその左右にある。やがて、長屋が燃えはじめた。こうすれば表門方面の敵が、進入してくることを一時の間だけ牽制されると思った、果してそうだった。

◇

薩邸の隣りの徳島藩中屋敷にいる上の山藩兵は、庄内藩が談判に手間取っている間に、薩邸内の状況を視察して置こうと、邸内の火《ひ》の見櫓《みやぐら》に、指揮の実際に当っている金子六左衛門が登った、続いて堤作左衛門と、もう一人藩士がのぼった。

金子六左衛門の眼の下に薩邸の全貌がみえる。金子は堤作左衛門を顧み、見取り図をつくれと命じた。堤は矢立を出して急いで、可成り詳細な図面が出来るまでの間、金子は薩邸内を具さに観察した。浪士達は薩邸の広い中庭を、東西から北南へかけて縦断している土塀と、その蔭にある築山とを陣地にするつもりらしく、大砲を据えつけ砲弾をはこんでいる。指揮する者のひとりは、陣羽織をつけて、白鉢巻、三十二、三歳、鮮かな武者振りである。浪士は四方に奔走し、中にには草鞋の紐を締め直しながら何か言っている者もある。それらの動きを見て金子は浪士の数を二百と鑑定した、これは中《あた》っていた。

金子の見た陣羽織の指揮者とは水原二郎である。水原は三田通用門から総脱出の指揮に当った。水原の養子落合直文《おちあいなおぶみ》が「白雪物語」に、――梅鉢《うめばち》の紋打ちたる毛熊鋲の陣笠目深にいただき、襟に縫いつけたる肩印には、

思いそめし色をば変えじ
もみじ葉の身は木枯に散り果てぬとも

と書きつけたり、伯耆守正幸が鍛えたる二尺八寸の太刀振りかざし――と、書いたのがそれである。

堤の見取り図が出来たので、金子等は櫓《やぐら》をくだり、見取り図を前に評議して策戦を一変した。金子が肉眼でみたところをそのままの見取り図で按ずると、浪士は表門に向わず、三田通用門に突出すること必定《ひつじょう》である、とすると、激戦を免かれない。庄内藩はそれと知って、上の山藩の部署をここに与えたと察した、が、激戦が予想される場所を受持ったのは誉であると金子は喜んで、部下の士気を鼓舞した。上の山藩と連絡を保っている鯖江藩は、見取り図を写して、これ又

激戦を予期し、士気の鼓舞に努めた。

岩槻藩が受持った七軒町の通用門、そこから浪士が突出すればそこも又激戦だ、しかし、岩槻藩は小人数である。その代り三の曲りから七の曲りまでに、庄内兵が薩邸の土塀に取りつき始めたから優勢であること勿論だ。

◇

攻撃側の庄内藩と上の山藩と、どちらが先に大砲を射ち出したか、これはこの後も永く判りかねるだろう。どっちが先だったという事は重大ではない。庄内藩は大砲隊長中世古仲歳が「射てッ」と号令したのが第一発、上の山藩は大砲隊長松平八百太郎が「射てッ」と命じたのが第一発。それからどンどン射ちつづけ、各藩兵とも小銃を射った。

どの藩の射ッた砲弾だったか、薩邸内の練武場に命中した、そこは、この間中から火薬貯蔵場になっていた。たちまち火薬が爆発し、その頃の人が聞いたことのない爆音が起った。この為に火は四方に飛び、放火による火勢と一ツになって、盛んに燃えひろがった。

前にもいった如く浪士の中には偽者が混じっている。一時の食いつなぎとか、事故があって潜伏する為とか、そういう連中の大抵は、生命の危険を感じ、この数日に逃げ失せた。それでも極く少数ながら逃げ遅れの者がいた。こうした連中は突撃して血路《けつろ》をひらく気は毛頭ない、そこで逃げ出した。そういう中の一人に、四十歳ぐらいの袴を着け、刀を帯びた男が、正門から出て群がる庄内兵の間を、両手合せておがみつつ、「どうぞ射たないで下さい」と泣き声で頼みながら歩いた。射たないで下さいと言ったのは、庄内兵が銃を持っているからで、そうでなかったら「斬らないで下さい」という処だ。

先程、談判をやった安部藤蔵が、苦々し気にその男の顔を見ていたが、卑屈極まる態度に腹を立て、後姿を睨みつけ「そいつ射て」と言って持っていた連発銃を構えるより先に、砲手が砲口をその恥知らずの男に向けて射った。砲弾はその男の左の頬に命中し、顔半分と頭とが飛び散った。霰弾射だろうか。間もなく表門から、二十歳ぐらいの浪士が二人、庄内兵の群がる中を平気で駈け抜け、三田通りに向かった。眼の前を駈け抜けられてから「そいつを遣れ」と二、三人叫ぶ者があった。彼の二人はそれでも平気で、忽ち三田通りへ出て、左に曲がろうとした。こうして脱出、品川方面へゆく心算だったらしい。庄内の新整組の者が追ッとり囲んだ。忽ち斬りあいになったが二人に多勢だ、結末がすぐ付いた。この二人の首級《しゆきゆう》は石原倉右衛門が、陣中の型通り、首実験をやった。士としての扱いをしたのである。

表門の一帯はそのくらいの出来事があっただけ、火事は眼の前にあるが、その一方で、上の山藩・鯖江藩が激戦しているのが、鉄砲火の音と叫喚《きようかん》とで判った。主将石原の考えは、浪士を袋の鼠にして一人残らず殺すのでなく、追払うにあるから、いくら激戦でも援兵をそっちへ出さない。さればとて、同藩ではないので〝強いて戦うに及ばず、逃ぐる敵は逃がせ〟と命ずることは差し控えた。

上の山藩の方では、武門の面目、敵をことごとく滅ぼそうという決心でかかっているから激戦、しかも、苦戦であるのに、一方は午前の日をあびて閑だ。閑なればこそ、鳶《とび》が何羽となく、今し方、砲弾で斃《たお》れた男の惨鼻《さんび》なる死体に集まった。安部藤蔵がそれを見て、いかに何でも悪食《あくじき》の鳶どもが憎くなり、連発銃で先ず一羽落とした。驚いてその余の鳶は飛び立ったが、再び死体に集りかけたので、射って又一羽落とした。暫くすると三たび鳶が舞い戻って来て、死体に集まりかけたので、三羽目の鳶を射ち落とした。それで懲りたとみえて、鳶はもうこなくなった。この死体とおなじ男かどうか判らないが、首のない武士態の死体があったが、その体には、刺青《いれずみ》があった、という見た人の話が伝わっている。

浪士脱出

三田通用門から脱出をもくろんだ浪士の数を、庄内側では（例えば俣野時中《またのときなか》の「薩邸打払いの事実」の如き）、表門の方へ、〝敵二、三十人が切って出たので上の山藩兵は余程の苦戦をした〟という風にいってあるが。

上の山側では、（例えば旧藩士堤和保の「旧上山藩江戸鹿児島藩邸浪士討伐始末」の如き）〝浪士は槍・長巻《ながまき》・大太刀《おおだち》を武器に一百余人、我が隊に向かい、又五、六十人の浪士が鯖江藩に向かった〟といっている。これは二、三十人といったのは誤りで、百余人と五、六十人の二手というのが真に近い。それは上の山藩と鯖江藩が激戦した場所は前にいってある如く三田通り通用門で、庄内藩が向かった場所の方に島津の黒門（正門）があった。辞世の和歌を着衣に縫いつけた水原二郎の指揮で浪士側は薩邸の庭の築山に据えた大砲を射った。この大砲は相州荻野山中の大久保家の陣屋から奪って来た物である。砲手《ほうしゅ》が熟練していないので効力がない。小銃の方は充分に射てるので、先ず小銃で射撃し機を見て突出、白兵戦《はくへいせん》で囲みを破ろうという策戦で、浪士の殆ど全部が築山を中心に、徳島藩邸の上の山藩兵と高松藩邸の鯖江藩兵に小銃短銃をあびせかけた。その背中の方では、島津家の御殿と長屋が激しく燃えている。

その頃、幕府の奥詰《おくづめ》銃隊《じゅうたい》とか、散兵頭《さんぺいがしら》大平備中守とか、別手組《べってぐみ》とか、その他にも幕兵が、それとなく加勢に繰り出して来て、地形の関係でもあったか、上の山・鯖江の激戦している方角には姿をみせず、庄内と岩槻の両藩兵のいる方に現われていた。

浪士側は盛んに反撃を試みたが脱出の機会がない。上の山・鯖江は緊密に連絡して、浪士の殲《せん》滅《めつ》をはかり、猛烈に鉄砲火をあびせかけている——と、浪士のうちから刀を振りつつ、火事の黒煙りを衝き、鉄砲火の中をくぐり、目的の通用門に向かい、突出をはかる五人組の者があった。これは奥田元（信州上田藩）・山田兼三郎・河村藤太郎・丸橋雄蔵・橋村仙七郎だ。此の五人とも野州出流岩船で死ぬべき命を、今日まで持越してきたという気持が烈しかった。その他にも藤田新（宇都宮・大藤栄）平井五郎（森田谷平）尾崎忠兵衛（水戸・川崎常陸）信沢清馬（駿河）沢東（伊賀上野・清水定右衛門）などという、野州の戦場から生きて帰ってきた連中がある。こういう面々は最初の五人組に続き猛烈に闘かった。こうした白兵戦法は相楽の案である。赤穂浪士の討入りは個々に闘うを避けさせ、三人が一組になって一人の敵にでも当ったので効力が非常にあった。個人々々の手柄でなく一体の手柄だ、こういう事を知って応用した。

戦闘の都合で五人となったのもあるが、原則として三人一組であった。野州生残り五人組のあとから、浪士が続々、槍刀を閃《ひらめ》かして突出を企てた。上の山藩ではそれまで大砲と小銃とで戦っていたが、この時、隊長毛利敬太郎が予備隊約五十人を率いて邀撃《こうげき》に出た。その一方で一団の浪士が、横から攻めて出る鯖江藩に突入した。

と、上の山名代の槍隊が繰出した。隊長は門奈惣右衛門、隊士は四十人、隊士は胴服《どうふく》に小袴《こばかま》で陣羽織を着し、鉢金入りの白鉢巻をしている。門奈隊長は采配をふって隊士を励ますうち、浪士のひとりが肉迫して突き出す槍をかわし切れず、右の掌を貫かれた、隊士土田雄之介がそれを見るより、槍をふるってその浪士を突き伏せた。この浪士が誰か、乱闘の中とて、敵味方のどちらにも判らぬままになっている。

上の山藩の金子六左衛門は、味方の苦戦にたまりかねて自ら乗り出して、浪士側が庭の銀杏《いちょう》の樹を楯に、煙りと火の粉を浴びつつ闘っている処へ姿をみせた。その日、金子は黒糸縅《くろいとおどし》とみえる腹巻に白地に雲竜の陣羽織を着し、槍を茎短かにとった姿は、目ざましかったという。時に金子は四十五。峰尾小一郎は師の水原二郎を乱戦中に見失い、そこここと走せめぐり探し求めている時しも、銀杏の樹の向うに、白鉢巻の頭をふって味方を励ます一人の腹巻の銀の胸板が、ぴかりと光ったので眼を向けた、一見して敵の大将とわかるが否や、手にした短銃を向け、狙い撃ちの一発で腰のあたりを射った。金子六左衛門はその場に倒れた。金子が負傷したときの状況が今いったように伝わっているが、その真相はそうでない。金子は十六歳の藩主松平（藤井）伊豆守信庸を徳島藩邸の内に案内し、銃丸除に雨戸を閉めさせ、傍を離れずにいた。処が、銃声が近くもあり、余り激しいので、藩主に危険が迫りはせぬかと心配になり、縁側に出て雨戸を一枚あけ、体を斜めにして外を覗いた。それを塀にのぼっていた峰尾小一郎が見付け、狙撃の一発を射ったのである。金子には天野正彦という藩士で、桃井春蔵《ももいしゅんぞう》門下の剣士が影の形に添う如く、この日はしていたが、雨戸を開けて覗いた処をやられたのだから、護衛の天野の力の、とても及ぶところではなかった。

金子は重傷だった。この事がホンの一時ではあったが、上の山藩兵の士気を萎縮させた。それは束の間、今度は奮戦の度が無性に昂まり、水火になれと戦闘した。浪士の側もそれに屈せず反撃又反撃に出る。そのうち徳島藩邸の板塀を破り、又、通用門からも、三田通りへ突出したる浪士組がある。こうなると浪士側はあとから後からと三田通りへ飛び出した、みるみるうちに二、三十人、五十人、百人となった。往来の南の方には犬一匹いない。

三田通りの赤羽橋寄りに、庄内兵が整列していて、浪士の方を眺めているが討ちかかって来ない。余計な犠牲を出したくないという方針を変えずにいるのである。浪士は南に向かった、品川方面へ引揚げるのである。上の山の槍隊が血まみれの者も加わって、浪士追跡をはじめた。浪士達は隊形をつくらず、三々五々、引揚げてゆく、その中には自作らしい和歌を高唱するものもあれば、いい声で詩を吟じるもある、時々振返って槍隊に「ここまでお出で甘酒進上《しんじょう》」といって、

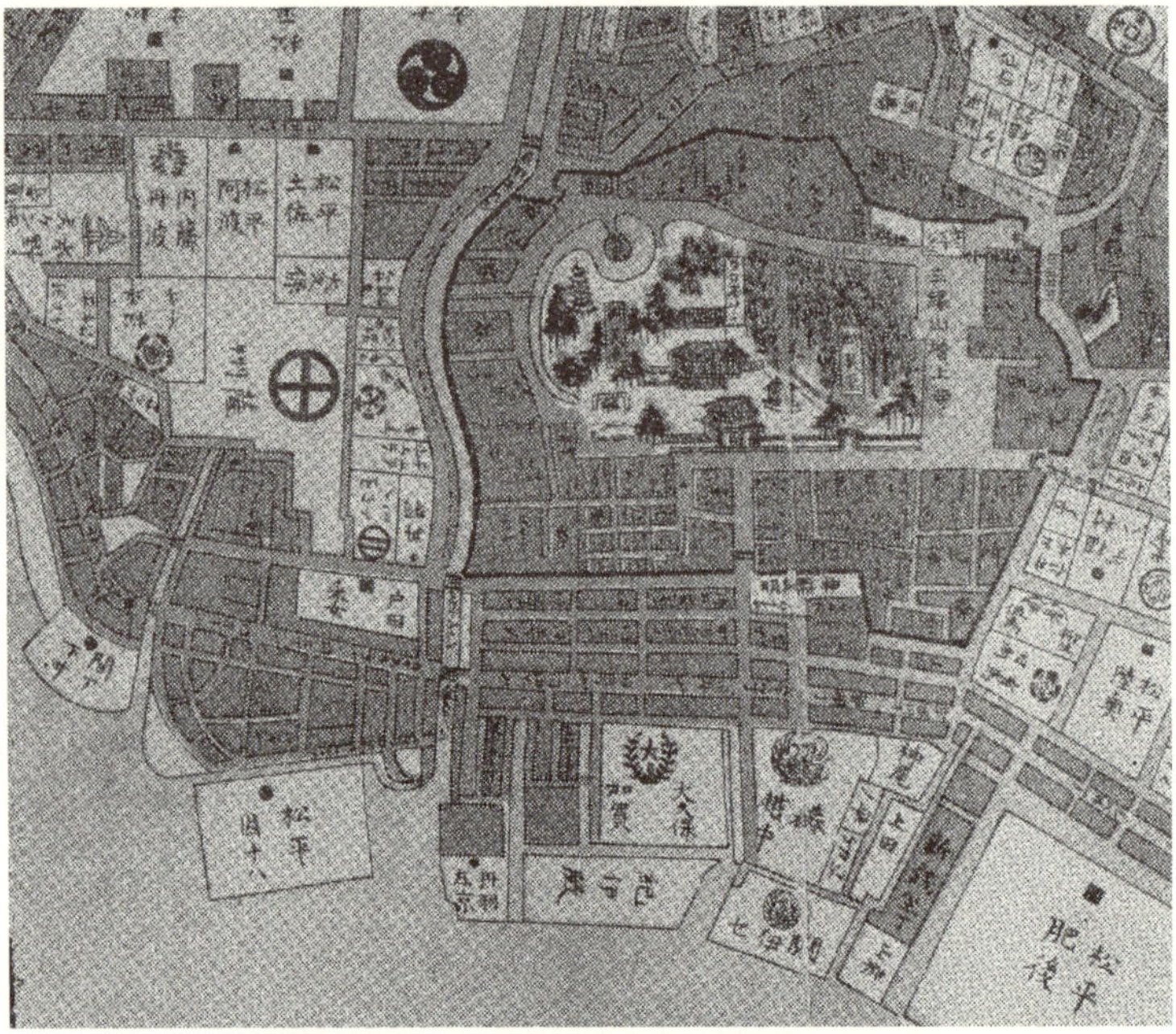

薩摩屋敷付近（嘉永年間の江戸錦大絵図より）

にッこり笑うもあった。

◇

在邸の薩藩人のうちで、降参した者は、男女上下併せて百六十二人、そのうちで戦死者として記録されている人々は次の通りである。（氏名は略す）戦死者の合計五十一人。

薩邸討払いの戦闘は午前七時頃に始まり、午前十時半頃に終った。終ったといっても、一切がではない。薩邸の火は燃え抜けて拡がり、田町の方にも火を発し、江戸の街々ではその煙りを見て、半鐘《はんしょう》を叩き、町《まち》火消《びけし》が繰り出したが、京橋・日本橋の火消は芝口で通行を禁じられ、神田・下谷から駈付けたものは愛宕下と飯倉で通行を停められ、山の手方面から来たものは麻布一の橋付近、芝聖坂・魚藍坂《ぎょらんざか》辺で遮断された。そのうち品川でも火を発した。こういう騒ぎのうちに芝浜の方面で、幕府海軍所の太鼓が激しく鳴り出した、非常呼集《こしゅう》である。

長々と「相楽総三とその同志」（長谷川伸著）から引用させてもらった。この薩邸焼討などはもう捕物ではなく、一種の革命の市街戦のようなものであり、前述の取籠の集団取籠とでも言うべきで、かような集団の武力行使に対して、警察である八丁堀や加役だけの手で所置出来ないのは当然である。もし、このような事態を警察力だけで対抗し、鎮圧できるだけの警察力があるとしたら、それは警察国家であり、社会にとっても民族のためにも不幸だと言わねばならないであろう。

囚人収容制度

獄舎

江戸の牢獄は、天正《てんしょう》中常盤橋外即ち現今の日本銀行の辺にあり、慶長《けいちょう》年間小伝馬町《こでんまちょう》に転じて明治の初年にまで及んだ。町奉行《まちぶぎょう》の配下に囚獄《しゅうごく》（牢屋奉行《ろうやぶぎょう》）と称する職があってこれを管し、石出帯刀《いしでたてわき》の世襲するところであった。石出家の祖先は徒目付《かちめつけ》で徳川三代将軍の抜擢を得、当時の帯刀が牢屋奉行の役を承って以来十七代に及んだ。与力《よりき》の格式で町奉行の支配下に属し、役高《やくだか》三百俵、牢屋敷の役宅《やくたく》に住み牢屋敷一切の事を勤める。牢屋奉行付属の役人はいずれも同心《どうしん》で、定員は五十八名、そのうちに書役《かきやく》、改役《あらためやく》、当番《あたりばん》、賄方《まかないかた》役、鍵役《かぎやく》、打役《うちやく》、調役《しらべやく》等がある。役料は五両二人扶持《ぶち》、七両二人扶持、十両三人扶持等であって、最初は五両二人扶持で当番を勤め、それから進んで鍵役となり打役となり改役となり遂に調役となって初めて一ケ年十両の給料を受ける。また下男《したおとこ》三十人を使役し、外に囚人の中から十二名の役人を選んで牢中《ろうちゅう》の取締をさせた。即ち牢内の総取締をする名主《なぬし》、次に名主の介添役で名主の代理をも勤める頭《かしら》、次に新入の囚人に

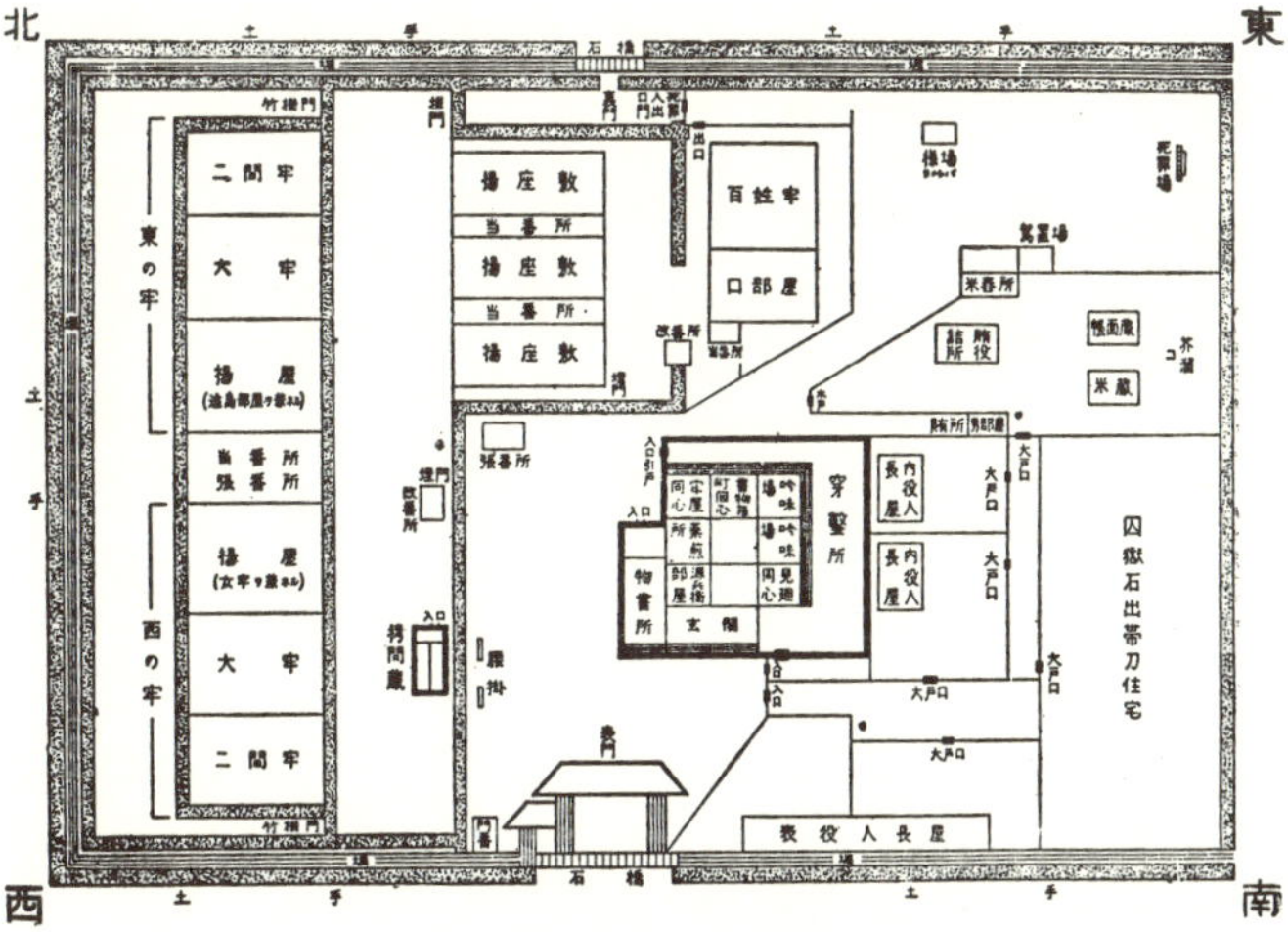

小伝馬町獄舎の平面図

牢法をいい聞かせる役の二番役、次に薬一式の掛りである三番役、次に囚人から剥ぎ取った衣類を預る役をする四番役、次にお戸前出物一式の掛りである五番役、次に平の囚人の頭である下座《しもざ》本番、次に台所役である下座本助番、次に雪隠《せっちん》並びに雪隠への通り路の掃除を預る役の頭の本番、次に格子外の見張役である頭の助番。その外牢内で規則を犯して名主の折檻《せっかん》を受ける者がある時これに関係して裁判をし、或は詫びをして仲裁の労をとる上座の御隠居、牢内の共有金を預る役の穴の御隠居、食物を預る役の穴の助番、その他諸役人等の三度の食事の給仕をする穴のお客というものがあるが、これは役人の数に入らない。

外に町奉行からも牢屋見廻《ろうやみまわり》の与力・同心を派した。牢屋敷地はおよそ三千四百八十坪、揚座《あがりざ》敷《しき》、揚屋《あがりや》、大牢《たいろう》、二間牢《にけんろう》（一に無宿牢）百姓牢、女牢《おんなろう》の諸建物が整備されていた。この牢に投じた者は町奉行担当の罪人のみならず、寺社《じしゃ》、勘定《かんじょう》両奉行担当の囚人をも含んだ。また郡代牢と称したのは馬喰町《ばくろちょう》なる代官所支配内の罪人を拘禁した所で本所にあり、浅草溜《とめ》、品川溜及び佃島の人足寄場《にんそくよせば》も一種の牢屋であった。以上は江戸府内所在のものである。

捕吏《ほり》に捕えられて、大番屋で下調べをされ、入牢証文《にゅうろうしょうもん》が出てから連れてゆかれるのは、有名な伝馬町大牢である。小伝馬町の牢獄は一丁目の東側にあった。初め天正頃は常盤橋外に江戸牢獄としてあったが、慶長《けいちょう》年間に伝馬町に移った。

享保《きょうほう》年間は二千六百余坪であったが、安政《あんせい》、万延《まんえん》の頃は総数八千余坪の大牢屋敷となり、明治八年市ケ谷監獄《かんごく》の設立まで存在した。伝馬町牢獄は廃止後取り壊わされ、牢屋ケ原（明治中期）と呼ばれて、後にはちょっとした高町風に見世物小屋の仮設が立ったりしていた。明治末期には、市立の尋常小学校《じんじょうしょうがっこう》が立ち、（十思《じっし》学校）無邪気な少年の学びの庭に変ってしまった。以下「江戸時代制度の研究」その他の文献を底本として編述しよう。

伝馬町の大牢

獄舎は初め常盤橋門外にあり、延宝《えんぽう》中小伝馬町に移し、安永《あんえい》四年、別に百姓牢を新築した。獄舎の総面積三千六十三坪余、外に病檻二ケ所にあり、浅草千束村のは非人頭《ひにんがしら》車善七代々これを守り、品川宿は松右衛門世襲して、その役に当った。この病檻を溜《ため》と呼んで、伝馬町御牢に比較

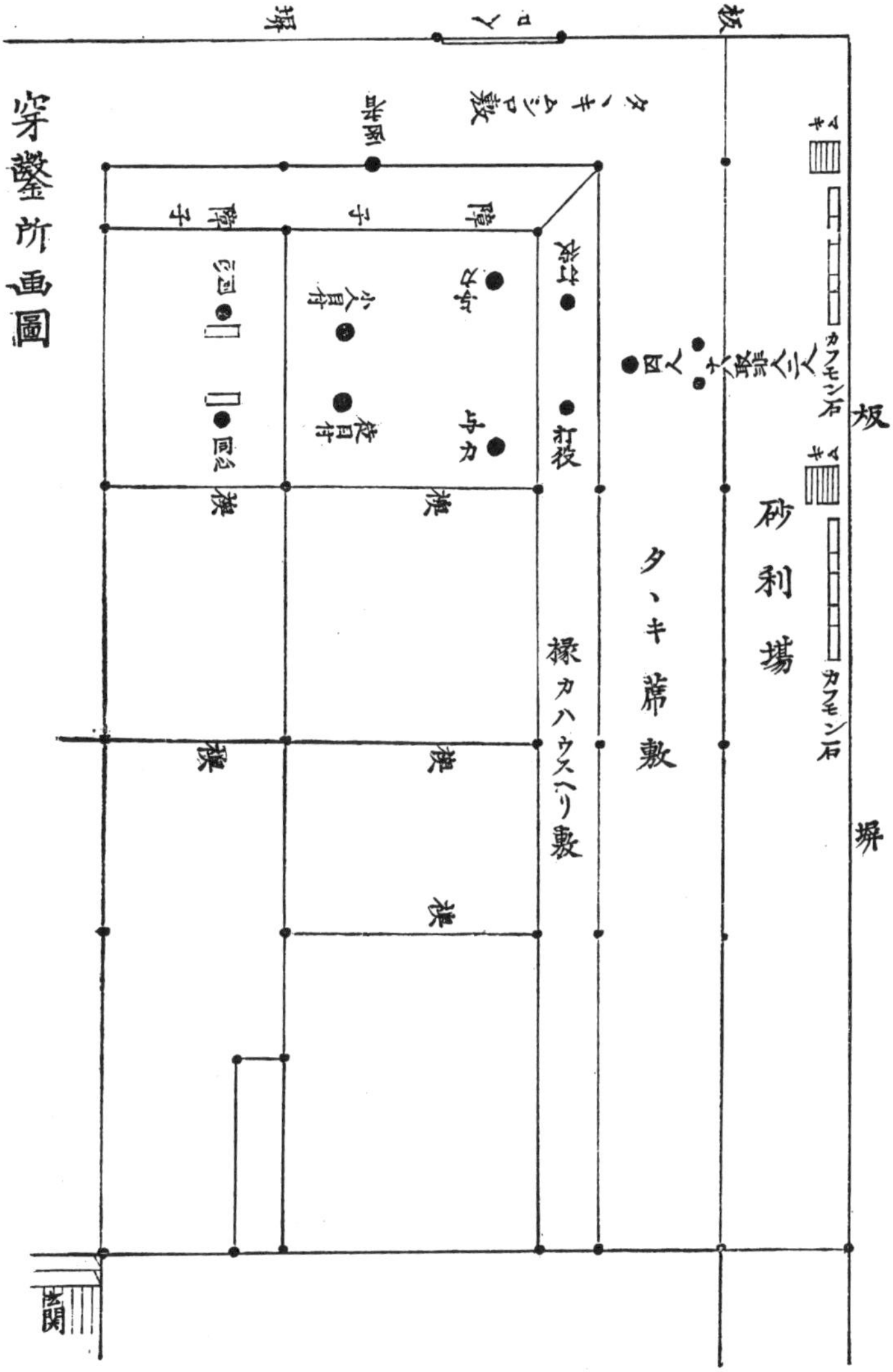

獄舎の穿鑿所図

江戸伝馬町牢獄内の景
牢内囚人役名　名主、頭、隅役、隅の御隠居、上座の御隠居、仮屋の御隠居、穴の御隠居、二番役、三番役、四番役、五番役、結の本番、本助番、下座の掃き掃除、詰の掃き掃除、客分（客分とは土産金を沢山持って入った者）

して施設もよいので囚人は溜預《ためあずか》りを願い、ここから脱獄を試みたものもあった。

伝馬町の牢は、松平越中守以前には、未決の者も罪状のきまった者も、一緒にこの牢に入れていたが、以後は未決牢専門となった。そして服役する牢を石川島にこしらえて、ここで科人《とがにん》を働かせた。

伝馬町の牢の四方に溝をかまえて、南に表門、北に裏門、俗にこれを地獄門といっていた。牢屋の構造は、昔は土蔵造りの三方壁、前の一方だけを格子にしてあったのを、天和《てんな》三年に四方格子に改造した。

浅草の千束村の溜り場は――浅草の観音さまと、新吉原《しんよしわら》の色町との間の田ンぼの中にあったので、

極楽と浄土の中に地獄あり
駕籠と桶恋の無常の田ンぼ道

こんな川柳も、吉原と観音堂の間にある溜り場のことを言ったものだ。

浅草の溜り場は、非人頭車善七が預っていたが、罪人には案外病人が多く、二十四間と四十五間の地所に、一の溜り、二の溜りと、ふた棟の長屋を建てて、病気の罪人を収容していたのだ。病気は、殆んどが牢疫病であった。伝馬町の大牢は風通しが悪く、そこに大勢の罪人が押しこめられているのだから、一種異様な臭気がこもっていた。その上、朝夕二度のモッソウ飯は人間の食い物とは思われないような物だ。大抵の者が入牢して暫くすると発熱して動けなくなった。これが、牢疫病なのだ。

小伝馬町の牢獄は、牢奉行石出帯刀の配下は、牢屋同心五十八人、牢屋下男三十八人。同心は明暦《めいれき》二年三月四十人、天和三年には五十人となり、安永四年百姓牢成るに及び、増員して五十八人となる。牢屋同心大抵は二十俵二人扶持を取っていた。その役格は、鎰役《かぎやく》、同介《すけ》（助）、数役《かぞえやく》（鞭刑の数読役）責問《せめどい》などの時の打役、牢番の小頭《こがしら》、書役《かきやく》、賄役《まかないやく》、同介、世話役等があった。下男は各人金一両二分一人扶持とし、その中三十人は特に味噌代一日四文宛を給せられ、台所、米搗《こめつき》、門番、張番《はりばん》、薬部屋、夜具持等を分当した。

獄舎の制五種あり、
一を揚屋座敷《あがりやざしき》という。ここは畳敷で五百石以下の旗本《はたもと》、お目見得以上《めみえいじょう》並に身分ある僧侶、神官を禁錮《きんこ》する。
二を揚屋《あがりや》という、お目見得以下《めみえいか》の士分及び普通の僧侶等を留禁する。共に殊遇《しゅぐう》を以て、囚人の付人を許され、身辺の雑役を服する外に日常の膳部も各身分に応じて与えられた。
三は大牢にして、町人を入れ、四は百姓牢である。共に庶人《しょじん》を囚禁《しゅうきん》した。
五は女囚で、女子を禁錮した。

囚獄以下の獄吏《ごくり》これを看守し、町奉行与力二人、同心四人が獄署に直して検察に当る。町奉行所より罪囚を獄舎に押送《おうそう》する時は、同心が入監証（入牢証）に照合し、衣帯《いたい》を解き、銭貨、刀、筆、墨等の所持品を改めた。

獄舎には各房ごとに名主一名、役付十一名あり（囚人頭、数見役、上座の隠居、平の隠居、仮座の隠居、三番役、四番役、五番役、本番、本助番、親方、丁代、詰《つめ》本番、詰助番、若隠居）囚人の暴行を戒しめた。

囚人は軽重の区別なく一房に雑居し、軽囚を通じて、重囚の素行を察知せしめた。

月一回、囚獄は、毎月一日、前月の囚人数を調べ、行刑放禁の次第を町奉行に報告した。在囚六ケ月してなお罪科定まらざる者は、翌月一日にその族籍《ぞくせき》職業を録して町奉行に報告した。

罪囚（入牢者）の食事は朝夕二回とし、四等に分つ。

揚座敷《あがりざしき》に拘禁する者は、飯（一日玄米六合）一汁、三菜（雑用費銭二百文、この金を以て米搗き、薪箸等の費に充つ）

揚屋及び平民の罪囚は、飯（一日玄米六合）汁、塩、菜（雑用金一百文）を給すれども、（銭百は一銭、一円の百分の一也）病となり麦飯を乞うあらば許可し、毎年七月十五日、南北奉行より、鮪魚、素麺《そうめん》を配給す。

囚人籍あるは官より衣裳を給せず、親族よりの差入れにてまかなえり。無籍の者は官給して、夏は粗麻の帷子《かたびら》一、冬は浅葱色《あさぎいろ》の綿衣《わたぎぬ》一を給す、但し入禁の際に着せし衣破れるに至らざれば給せず。

月初には官より人毎に塵紙《ちりがみ》百葉を給す、囚人の親族、故旧、衣服、食物、金銭等を送らんとするものは、押送する所の町奉行に乞い、その許可を得て獄署に渡す。但し銭一ケ月六百文以上は許可せず。
一、二、十一、十二月は、月々三次、その他は四次の入浴を許し、毎年七月と十二月、病囚の外は、獄吏の監視下に町方の床屋来りて獄庭に坐らせ、囚人は卅人ずつ手錠をはめて月代《さかやき》と鬚《ひげ》を剃り髪を梳《す》かせた。

盛暑には各房に団扇《うちわ》を給した。

且、囚人をして毎日順次に外鞘《そとざや》と内鞘《うちざや》との間に出でて涼を納《い》れさせた。常に紅蘿蔔《すずしろ》の乾葉茶を煎じて、その液汁を日に三回飲ませた。夜は湯婆《たんぽ》を給す。

毎月一回、医者が病囚を巡診し、病囚死すれば、囚獄、牢屋見廻与力と同席して死屍を検し、医者の診断書を副え当初の町奉行所へ具申《ぐしん》し、命を受けて親族に下した。或は刑場に埋葬した。

流罪《るざい》の宣告を受くるは、発送の前日囚人を獄庭に出し、頭髪髭《ひげ》をととのえて糺問所《きゅうもんじょ》に土下座させ、囚獄と、町奉行の与力とで、島名を宣告した。

流人《るにん》に給する資は分て三等とした。

揚座敷に拘禁する者は金二両、紙二帖、船中の防薬。

揚屋の者は、金一両、百姓囚（平民）は金二分（半円）時服一着、紙及び薬共に同じ。

その発送する時は、囚獄・町奉行所与力と立会で出監せしめ、町奉行の派する所の与力・同心に渡した。

その発船、航路に至っては船手《ふなて》組の管轄となる。遠島《おんとう》の島は、佐渡ケ島、佃島（再犯囚）その他に伊豆七島、薩摩五島、肥前天草、隠岐、壱岐などへ流刑《るけい》した。

遠島船の出航所は、芝の金杉橋《かなすぎばし》と永代橋《えいたいばし》の二ケ所で、永代からは、如何な事があっても戻れない囚人で、金杉橋の方は、幾年かの後には特赦《とくしゃ》になれる者と定っていた。それゆえに近親者は、その出航所に依って、それとなく別れを惜しんだ。

獄舎（牢屋敷）の附近に火災あれば、揚座敷の囚人中、逆罪《ぎゃくざい》及び疾病ある者は、便宜の地に移し、自余《じょ》は火が獄に及ぶに至って直ちに放ち、本所回向院《えこういん》に避けさせ三日以内に投帰する者は町奉行所に具状《ぐじょう》して本罪を減刑した。

（このために牢屋敷付近に放火して脱獄を企てた者もあり、幕末の志士高野長英《たかのちょうえい》は、火災での解《とき》ほどきを機会に、逃亡したのは有名な話である）

試し切

武士・僧侶・婦女・穢多《えた》・非人《ひにん》・混瘡患者を除き斬罪の囚徒は刑後に於て試し切を行わるる者あり、試し切とは、屍体を切って刀劔の利鈍《りどん》を験する事。将軍刀を試みるや、山田朝右衛門《やまだあさえもん》職としてその任を執る。先ず腰物《こしもの》を奉行上命を受けてこれを町奉行に致し、協議して日を定む。執行はすべて牢屋敷にて行う。当日執行場には、腰物奉行、腰物方並に手付、徒目付《かちめつけ》、小人目付《こびとめつけ》、本《ほん》阿弥《あみ》等が列席し、牢屋見廻（与力・同心）石出帯刀及び鎰役《かぎやく》、打役《うちやく》出場し、山田朝右衛門、手代り弟子、何れも熨斗目《のしめ》麻裃《あさがみしも》の着装を以ってうずくまる。非人両人にて、屍体を抱えて設けの土台の上に置けば、検使、刀を採って朝右衛門に渡す、拝載して切り柄をかけ、肩衣を脱して袴のみとなる。かくて土台に対い、胴体に劔背を当てて右手に柄《つか》を執り、身を開いて左手を地上に支え、一揖《いちゆう》して検使に礼を終って立つ。気を満して刀を揮《ふる》い、気合諸共に打込めは、胴体即ち二つとなる。非人はそこで、手足を引去り、腰物奉行の検視に供う。朝右衛門よりの試しの仔細書は、腰物方が受取する。

槍の時は朝右衛門、その首の横小髪を突きて試む、利鈍の仔細を録上するは刀の場合に準ず。将軍の刀を検するは甚だまれにして年に数回なり、なれど朝右衛門は諸侯以下大身《たいしん》旗本等の委《い》嘱《しょく》にて、ひそかにこの役をなせしため収入多かったという。

芝居の大牢の場

江戸時代の牢獄状況を書き遺した本が残っていないので、これを知ろうとするには河竹黙阿弥《かわたけもくあみ》の脚本によるより他はない。脚本といっても牢内の場は、写実その侭で信用出来るものである。翁の脚本からその場景を抜くことにする。

御金蔵破りの富蔵と藤十郎とを描いた、「四千両小判梅葉《しせんりょうこばんのうめのは》」（初演、明治十八年十一月千歳座）は、この前後から劇界と密接な関係を結び始めた、田村成義《たむらなりよし》氏から根本の材料が提供されたのである。その往昔《おうせき》「鬼あざみ」でも諷した、藤岡藤十郎の一件書類が氏の家に在つて、それを土台にしたのであるが、それもほんの骨子《こつし》に過ぎずして、殆ど全部創案になったものと見て差支えない位のものだという。

この作では、熊谷宿のうどん屋なる五つ家へ富蔵が暇を告げに立寄る世話場もよかったが、他の一つの眼目《がんもく》は、伝馬町の御牢内であった。江戸時代の御牢内をそっくり写したもので、牢屋内の状態、その習慣から、一種の慣用儀礼などまでが、悉く取入れられたもので、今から見れば、その時代の牢内生活を描いた、唯一のものとなった。この場を書く為には、いかに黙阿弥が浮世学問に達していたからとて、牢内の事情までは分らないので、或は屋根屋の弥吉という親分を介し、或は入牢して牢名主までも勤めた、経験のある人々の話を聞いて、苦心の末になったもので、よく出来た場である。またこの時に牢内の情調《じょうちょう》を漂わすに、適当な音楽も合方《あいかた》も得られないので、あれこれと試みて非常に困り果てた末、嘗て御牢内の裏手には鍛冶屋《かじや》があって、その音が聞えていたとの事を聞いて、トンテンカン、トンテンカンという鍛冶の音を合方に使って適り、より御牢内の気分を作り得たなどという、いわば苦心談めいた事もあった。

次に、黙阿弥作品「四千両小判梅葉」（六幕目大切《おおぎり》）から、伝馬町御牢内の場面を写すとしよう。

伝馬町大牢の場

本舞台四間の間、平舞台《ひらぶたい》、正面柱二本、高さ三尺余の板羽目《いたばめ》、この上へ格子《こうし》二本目の柱際《はしらぎわ》、戸前《とまえ》口出入り、この上の格子に神棚取付けあり、羽目に箸、手拭掛けあり、上の方中心に同じく板羽目大格子、下の方に同じく。

此所に五器口《ごきぐち》、流しあり、飯笊《めしざる》、桶、手桶、箸笊、物相《もっそう》の面桶《めんつう》、茶、茶碗、小道具に誂《あつら》えあり。

名主、隅の隠居の上に夜具棚を取付け、夜具載せあり。

総て伝馬町大牢の体、上手《かみて》隅に、隅の隠居音羽の勘右衛門月代の延びし鬘《かずら》、好みの着付、畳七枚積み蒲団の上に住い。その下へ畳一畳縦に敷き、この上に仮座の隠居、平の隠居、上座の隠居、この次に富蔵二番役、好みの鬘、好みの拵《こしら》えにて住い、戸前口に数見役、銘々行儀よく住い。次に十畳を積み蒲団を敷き、牢名主松島貫五郎、月代の延びし鬘、好みの拵えにて住いこの次に穴の隠居丸蔵住い、上の方一畳に若隠居四人住い、真中より上寄りに畳一畳に三番役、四番役、五番役住い、下の方一畳にも本番、本助番、親方、丁代の四人が住い。又、一畳に詰本番、牢人助番住い、この向う通りの心にて、役者総出にて囚人住い。幕明かぬ内に、

「御せんとう」という、皆々。

「お有難うござります」この声あって時の太鼓にて幕あく。

富蔵　ただ今は蔓《つる》の配分を下さいましてお有難うございます。

頭　一同、お礼を

皆々　申しまする（卜役人へ辞儀する）

名主　山方出入りで入牢した桧屋の番頭が、手紙を遣って二十両呼蔓《よびづる》がはいったからそれで皆に配分したのだ。

穴隠　こういう筋のお客ばかり、毎日続いてくりやあいい。

頭　そうした日にやあ、蔓は元より、見舞物で中も富貴《ふうき》だ。

数見　此間から引続き、野天博奕《ばくち》や板の間かせぎ、

二番　碌な奴が来ねえから、一把か二把の蔓ばかり、

上隠　しっかり蔓を持って来る、お客がどしどし来りゃあいい、

平隠　天保度の御趣意の時、大層中が潤ったとさ、
仮隠　古い人がよく話すが、干物の喰手がなかったそうだ。
名主　そりゃあ天保十三年で、初めて俺が入った時だ、江戸に名高い商人が御趣意に洩れた品を売り、
　　珠数繋《じゆずつな》ぎで毎日来たが、大した蔓と見舞物で、その時位御牢内の富貴なことはありゃあしねえ。
三番　どうぞこうして居るうちに、もう一遍御趣意があって、
四番　そういう手合が毎日来て、包み金で蔓がはいり、
五番　干物の喰手のねえ程に中を富貴《ふうき》にしたいものだ。
本番　延喜直しに新入りにスッテン踊りを踊らせやしょか、
本助　間男《まおとこ》をしてこっちへ来た、田舎役者に踊らせよう、
親方　高の知れたペイペイだが、役者だけに彼奴はうめえ、
丁代　今日は紅膏と白膏で思いれ顔を画どってやろう。
富蔵　万九郎を早く呼びねえ、
数見　やい、万九郎、ここへ来い。
万九　はいはい（ト向う通りの万九郎お仕着《しきせ》装にて前へ出て）スッテン踊りで御座りますか、
丁代　今、面を画どってやるから、
本番　いい囚人のどんどん来るよう、
本助　晩に握飯を一ッやるから、
親方　縁起《えんぎ》よく踊ってくれ（赤膏と白膏を持って来て万九郎の顔に塗る）
万九　二番役様お願いで御座います、どうか褌《ふんどし》だけ御免下さりませ、
富蔵　おお、許してやるから早く踊れ、

万九　畏《かしこま》りました（ト往来を通る飴やの鳴物《なりもの》になり）
富蔵　表へ飴屋が来たこそ幸い、拍子を合してやってくれ。
万九　はいはい（ト裸になり面桶を冠り）スッテンスッテン、スッテンテン跡からよいのが参ります、
　ト　これを繰り返し乍ら廻る。
名主　成程、こ奴は役者だけ、スッテン踊りはうめえものだ、
助本　然し間男をする面でもねえが、
万九　いいえ、この踊りに惚れましたので、
頭　ええ余計な口を利きあがるな、
万九　へへえ（トお仕着を持ってあとへさがって着る）
名主　昨夜遅く来た新入は、何の科《とが》でここへ来たか、呼出して聞いて見ろ、
富蔵　今日は呼出しが多いので、大きに遅くなりました（トきめ板を見る）浅草無宿歳次郎、ここへ来い、
歳次　へい（ト向う通りより縞の着付で出る）
富蔵　これ、手前は何をしてここへ来た。
歳次　花川戸の薪川岸で高瀬船の船頭を相手に野天丁半《ちょうはん》をいたしましたが、すどりに逢って逃げ場を失い、川の中へ飛び込みましたが、少しも泳ぎを知りませぬから、既に土左衛門になる処を岡ッ引に引きあげられ危い命を助りましたが、直ぐ送りになりました。
上隠　逃げ場に困って泳ぎも知らず
平隠　川の中に飛び込むとは、
仮隠　こ奴あ命を知らねえ奴だ、

数見　とても命を捨てる気なら
頭　なぜに大きなことをしねえ。
穴隠　見るから間抜けな野郎だな、
歳次　おっしゃる通り間抜な野郎、どうぞお慈悲を願います、
富蔵　もういいから、引込んで居ろ、
歳次　へい（ト大勢の中に這入る）
富蔵　神田三河町の寄り子伝蔵、九助ここへ出ろ、
伝蔵・九助　へい（ト前へ出る）
富蔵　手前達は何をしたのだ。
伝蔵　まず山の手は四ッ谷、赤坂又下町は浅草神田所々を引酒《ひきざけ》押借《おしが》りで、余り荒しましたので、酒屋
で尻を突かれました。
九助　筋違《すじかい》外の桝酒屋で、僅か一升貸してくれと申しましたを因業《いんごう》に、手酷く断りましたから、呑口《のみぐち》
を引っ払ったので、
伝蔵　到頭仕舞は押借で、
九助　二人とも突き出されました。
富蔵　手前達もしみ垂れな、僅かな酒の押借りで突き出されるとは、気の利かねえ。
本番　如何に看板一枚で、年中酒に喰い酔い
本助　引酒をして押して歩く、三河町の駄折助《だおりすけ》でも、
親方　こんなことで喰え込むとは、余り目先の見えねえ奴だ。
詰本　たとい僅かな酒にしろ、押し借りとなれば盗み同然

本番　入墨《いれずみ》の上、五十か百、
助番　箒《ほうきじり》尻を背負わにゃならねえ、
伝蔵　へへえ、それぢやな酒の押借りでも、矢張り盗み同然に、墨がはいって敲《たた》かれますか、
九助　それと知ったらいっそのこと、家尻を切るか押込《おしこ》みか、大きな仕事をすりゃあよかった。
富蔵　今度くるなら五十把も蔓を持って来るような、腕に余った仕事をして来い。
伝蔵　本当にそれと知りましたら家尻でも切りましたに、
九助　惜しいことを致しました。
富蔵　跡は寺島無宿の長太郎、
長太　へい（ト出て富蔵に向い）親分、暫くお目に掛りませぬ、
富蔵　おっ手前は、いつか巣鴨で逢った、巾着切《きんちゃくきり》の小僧だな、
長太　へい、あの時、厚い御意見を受けまして御座りますが、矢張り親仁《しんじん》の真似をして掏摸《すり》をいたして居りましたから到頭こちらへ参りした。
三番　昨夜は暗くって分らなかったが、今日見りゃあいい若衆《わかしゅ》だ、
四番　こ奴あいたわってやらにゃあならねえ。
五番　小僧、手前は楽をさしてやるぞ、
長太　有難とう御座ります、悪い事はいたしましたが、何所かこれでも少しばかり親孝行な所がありますか、内に居る時、父さんの足を毎晩揉みましたから、どうかわちに皆さんの足を揉まして下さいまし、
名主　それじゃあ手前は、按摩《あんま》が出来るか、そ奴何より重宝《ちょうほう》だ、晩に俺を揉んでくれ、
長太　そりゃあお有り難とう御座います

穴隠　こ奴あ中々業《ごう》じみて居る、
三番　もう新入はこれでしまいか、
四番　まだ一人あった筈だ。
富蔵　おお、熊谷無宿の勘八という奴がある。
五番　勘八、早く出ろ
眼八　へへえ、
富蔵　や、生馬《いきうま》の眼八か、いい所へはいったな。
眼八　ここで相牢《あいろう》しようとは、実に俺らあ思わなんだ、
富蔵　手前は何をして来たのだ。
眼八　土地を荒して熊ケ谷にいられぬはめで、江戸へきて、濁《にご》りを取って勘八と名前を変えて遊んで居たが、金に詰って盗みを働き御用になってこっちへ来たのだ、万更《まんざら》知らねえ仲でもねえから、どうぞこれからいたわってくんねえ、
富蔵　おお、遺恨《いこん》のある手前だから、これから俺が可愛がってやろう、
名主　富蔵、それに遺恨があるというのは、どういう訳があってのことだ、
富蔵　わっちが以前持っていた女房の親仁が此奴から、五両を借りたところ、二人から巧みで十の字を中へ加えて五十両と高を上せて居催促《いざいそく》、その場へわっちが行き合せ、親仁が難儀を救うため謀書《ぼうしょ》と知って五十両、金を返えしてやりましたが、どこかで意趣を返そうと思った奴でございます。
若隠　それじゃあ、此奴に五十両
同二　借りねえ金を返したか、

同三　こ奴あ遺恨に思う筈だ、
眼八　いえ、十の字など、その中へ書入れたのでは御座居ません、
名主　ええ、喧しい静かにしろい、そんな詮議はここじゃあしねえ、出る所へ出て言訳しろ、
眼八　それだといって富蔵が、
名主　まだまだ吐かすか、黙りやあがれ
長太　へい二番役様へお願いが御座ります、
富蔵　小僧、何だ、
長太　昨夜わっちの跡から来て、熊谷切ての顔役を手前達と一緒に置くのは目先の見えねえ奴らだと、大きな形で幅をしてわっちを無暗に肘でこづき、肋骨を折られましたが、痛くていけませぬ、
眼八　また、そんな嘘をつくか、
伝蔵　そりゃあ嘘ぢゃござりません、わっちら二人も新入で昨夜一諸に居ましたが
九助　大きな形で小さな者を酷い事を致しましたは、二人が証人でござります
富蔵　二人証人があるからは聞き捨てにゃあならねえぞ、少しは牢法をわきまえ乍らそんな不法な事をすりゃあ、このままにゃあ許さねえ（ト牢名主貫五郎に向い）此奴に何本馳走をしましょう、
名主　おお、五本ばかりするがいい。
隅隠　いや、五両の証文へ十の字を書き入れたという悪事があれば、十本馳走をしてやるがいい、
富蔵　隅の御隠居のお声掛りだ、馴染がいにうぬに十本、俺が馳走をしてやるぞ、
眼八　何もぶたれる覚えはねえ（ト立ちかかる）
二番　じたばたすると、
四番・五番　引伏せるぞ

ト　脅されて眼八是非なくじっと下に居る、富蔵キメ板で、一ツ二ツと十打つ、眼八は痛さをこらえ口惜しき思入れ、

富蔵　これで俺の胸が晴れた。
眼八　ようも酷い目に逢わしやあがったな、
数見　これ、田舎牢とは訳が違うぞ、
上隠　日本一の江戸の大牢、
平隠　ぐずぐず言やあ素裸にして、
仮隠　スッテン踊りを踊らせるぞ、
眼八　ええ、忌えましい目に逢うことだ、
本番　これ手前の為にならねえから
助番　こっちへ来てすっ込んで居ろ、
富蔵　何所でか意趣を返そうと、思いに思った眼八を殴り倒して腹が癒えた、是で明日が日、死んでもいい、
名主　引続いての御精進日《しょうじんび》に仕置を受ける者もねえが、富蔵、手前も長くねえぜ、
富蔵　本口書が済みましたから、今日か今日かと呼出しをこの間から待っております
隅隠　さっき帳番からちらりと聞いたが、明日御用になるそうだ。
頭　それぢやあ富蔵、
皆々　明日は別れか、
富蔵　皆さんにも長い間、大きにお世話になりました（ト辞儀をする）
名主　（思入あって）御金蔵を破ったてのは御代始ってねえ賊だから、お仕置に出る其時は、立派に

仕度をしてやろうと思っていたが、牢内も、世間につれて不景気に心に思うようにゆかねえ、着付は唐桟《とうざん》、帯は博多、これで不承してくんねえ、

ト　夜具棚にある風呂敷包みを出す。

富蔵　富蔵これを取って頂き、

高の知れたわっちをば、お前さんを始めとして隠居方のお情で、大した役を勤めまして今日まで楽をした上に、明日の晴れに唐桟に博多の帯の仕立卸し、故郷の者に見られても立派に仕置が受けられます、実に涙のこぼれる程有難とう御座ります。

名主　天下に稀《まれ》な科人《とがにん》だから、跡へその名も残るよう、とても死ぬなら立派に死ね。

富蔵　そりゃあ覚悟をして居りますから、未練な死にようは致しませぬ、

隅隠　手前が出る時に遣ろうと思って拵え置いた紙の珠数、明日これを掛けてゆけ。（ト紙でたたんだ珠数をやる）

富蔵　これはお有難とうござります、長い間お前さんにも御厄介になりました、誠にお名残り惜しうござります。

五番　親、女房へ言伝でもあるなら言って置くがいい。

富蔵　これも熊谷に居ましたが、江戸へ出ると言いましたから、今じゃあ何所におりますか、別に伝言はござりませぬが、此世の別れに只一眼、娘に逢いとうござります（ほろりと思入れ）

名主　いや早く帳番にそう言って、酒と肴を入れてくれ、芸尽しでも皆にさせ、賑かに別れをしょう、

ト　紙に包んだ金を出す、

本番　承知しました、

眼八　それじゃあ明日お仕置か、これで俺の腹が癒えた。

富蔵　又、口出しをしやあがる（卜立ちかかるを傍の者が捨科白《すてぜりふ》で留める）
名主　そ奴ああとで馳走をするから
隅隠　まあ、そのままに捨ておけ、
富蔵　裟婆《しゃば》なら生かして置かねえのに、
呼び　西……の……大牢、
富蔵　へ……えい
呼び　北の御番所入牢がある、
皆々　あ……
　卜　鍵の音がしてお戸前口より一々肩書を読み、下谷無宿の九郎蔵、破落戸の拵え、紙屑買ぼろ八、そぼろな装、下金屋銀兵衛、商人の拵えにて、三人を入れる。
富蔵　皆々　お有難とうございます、
　卜　戸前を閉め錠をおろす音する、三人戸前口に蹲踞《うずくま》る、富蔵がぼろ八をぐるぐる引張り廻して引据え、
富蔵　やい、手前は何所の者だ、
ぼろ　へい、私は芝の新網で紙屑買を致します、ぼろ八と申します者でございます。
富蔵　これ、ここは地獄の一丁目で、二丁目のねえ所だ、これより先に行く所はねえぞ、牢は初めてか、元来てもいつ来ても畳一畳一畳に格式があって無図かしい、諸方で噂を聞いたであろう、日本一、三奉行よりおっかねえ、西の大牢とはここのことだ、うぬが今のめずり込んだ所はお戸前口、牢屋門という所だ、命の蔓は何千何百両持って来た。
ぼろ　一把持って参りました。

富蔵　ええしみたれた野郎だな、うぬが様なスッテンテンのテケレン坊は、碌な泥坊もしめえ、いつ来ても初めて来ても富貴な大牢、二千人三千人の悪党揃いの色男、一把や二把は、裟婆じゃあ一貫六百の通用するが、御牢内じゃあ百か二百の通用にしかならねえ、御牢内へ来るにゃあ、首の釣替がなけりゃあ来られねえ、裟婆じゃあ帯とも褌ともいうが、此牢内じゃあ名が変り、帯は長物《ながもの》、褌は細物《ほそもの》だ、その細物を向う通りへ持って行きゃあがって、同座相囚人が首でも縊《くく》りゃあ、われが下手人《げしにん》だ。その上牢内には十二人のお役があって、楽の出来る所ぢゃあねえ、それも本番さんに願って永当永当働きゃあ随分楽の出来るところだ、うぬが糺明《きゅうめい》仰せ付いた御奉行所様から出牢証文の出るまできっと守っていろ、

ぼろ　この次に参る時は、たんと持って参りますから御免なされて下さいまし。

富蔵　跡の奴は何所の者だ、兇状者《きょうじょうもの》か、

九郎　へい、私しやあ、下谷無宿の九郎蔵といいます者、お戸前はお負けなされて下さりませ、

ト　辞儀をして下手へ住う、跡の一人を見て、

富蔵　これ、手前は中で身装もよく、堅気《かたぎ》に見えるが、何所の者だ、

銀兵　へえ、私は金吹町で下金《したがね》を渡世にします銀兵衛と申す者、下金の間違で御牢内へ参りました。

隅隠　それじやあ定めし、初牢だろうな、

銀兵　へい、初めてでござります、

富蔵　命の蔓を持って来たか。

銀兵　へい、十両持って参りました、

富蔵　その金は、何所にある、

銀兵　鼻紙の中を切抜いて、一分金で入って居ります、

富蔵　十両蔓を持って来ました。
　ト　鼻紙を名主貫五郎の所へ出す、
名主　堅気な者なら、いたわってやれ、
三番　さあ、お前はこっちへ一緒に来ねえ、（ト銀兵衛を上手へやる）
ぼろ　わたしも一緒に（ト行きかける）
四番　手前はならねえ、
ぼろ　なに、ならねえとは、
富蔵　地獄の沙汰も（トぼろ八を突き倒し、どうともなると木の頭）金次第だ。
　ト　この時、眼八顔を出す、富蔵キメ板を持って見得、皆々思い入よろしく、隣牢のステン踊りの声、右の合方にて拍子柝にて、幕。

ついでに書いておくが、八丁堀の地名が起ったのは、寛永二十年（一六四三年）海賊橋から松屋橋、弾正橋までの川通りを、船が通るように掘りひろげた。その長さが八丁ほどなので八丁堀といわれたのである。

のち正徳三年三月（一七一三年）に町方の与力・同心の屋敷が八丁堀と定められ、それから八丁堀の旦那衆といえば、町方の与力・同心を指すことになった。

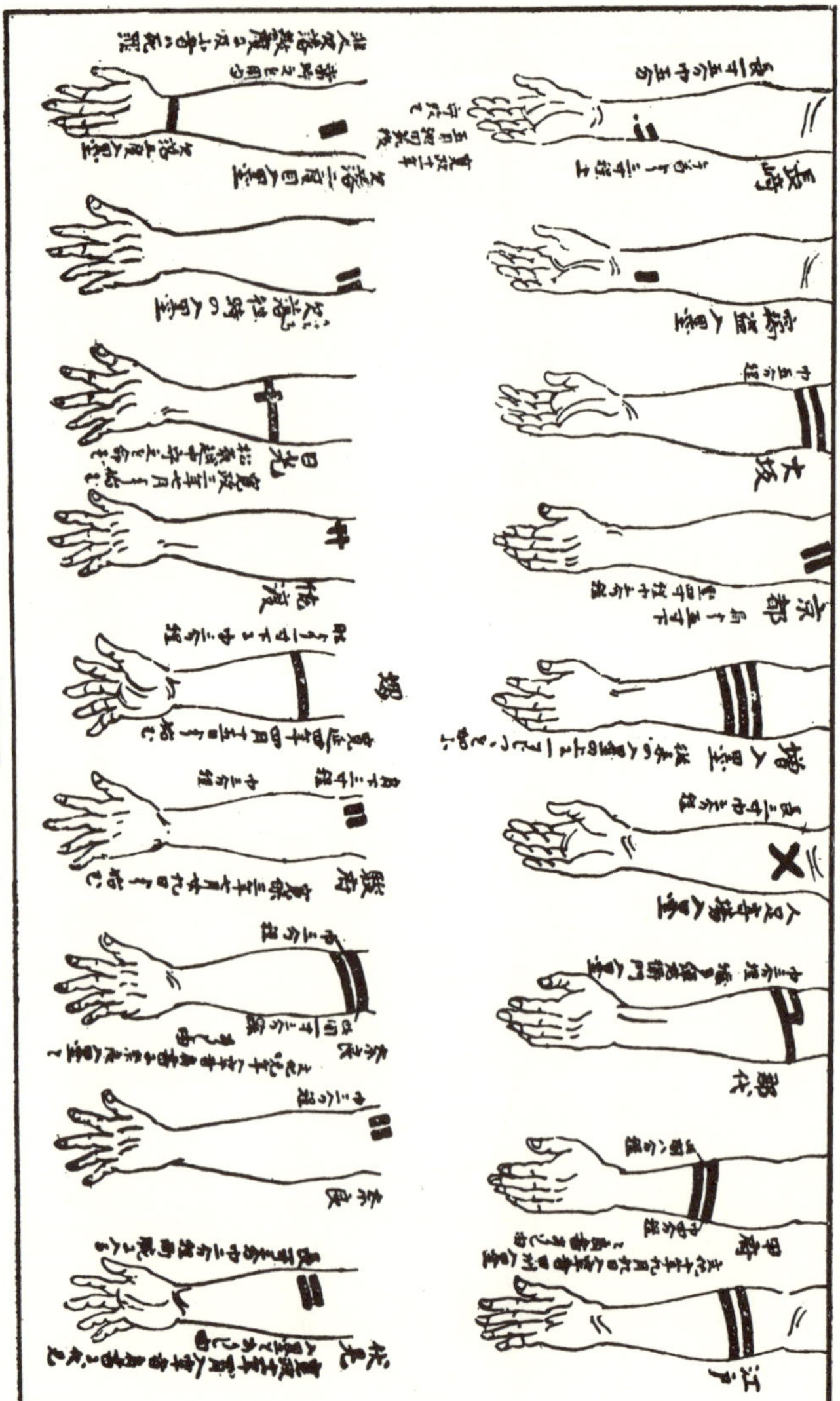

入墨の図

幕末名与力の回顧

南町奉行吟味与力《ぎんみよりき》を勤めて、明治中期まで生存した佐久間長敬《さくまおさひろ》翁によって書残された貴重な文献に「拷問実記」という本がある。原文は難解な点もあるので、編者が書き改めた。

はし書（自序）

この編は、私が昔、幕府町奉行所に勤務していた頃、眼のあたりに見聞し、まず自身で行った事を掻い摘んで記述するのでありますから、少しの間違いもありません。

今は時が経て、今日の人は、旧幕時代の拷問なるものに就て知らないのは当然ですか、今後は益々世の人々から忘れられ、知る事も不可能になるでありましょうし、ますます誤解されるのではないでしょうか。私と共に勤務した人々も病没しております、今、私が書残さねば、真実を後世に伝える事が不可能となるのを恐れて、執筆するのでありますから、所謂、杜撰臆説《ずさんおくせつ》でデッチあげた世にありふれた文献書と同視して頂かない様にお願い致します。

明治二十六年　　　　長敬

拷問の種類

我国では、罪人を訊問するのに、拷問したのは相当昔からである。なかんずく足利期以後、戦国時代になってからは、その仕方は愈々厳しさを極め、水責《みずぜめ》、火責《ひぜめ》、或は水牢《みずろう》、木馬《もくば》など、想像のおよばぬ苦痛を与える手段が発案され、それ等が実行された。しかし、拷問の方法に一定の規則がなければ、後世になってその詳細を知る事が出来ぬ。徳川時代に至って、拷問の仕方は自然と四種に限定し、水責、火責、水牢、木馬の如き、責め方が行われたという事を聞かないのである。

火責とは、鉄箸を赤く焼き、背と尻の辺に押し当て、焼爛らすのである。

水責は、梯子に囚人を仰向に縛し、その顔へ絶えず少しずつ水を注ぎ掛ける。初めは囚人は口を結び堪えんとすれど、追々目鼻に水入り、口を開いて息すれば、水口中に入り、再び息を吐こうとすれば、水は咽に入るゆえ、その苦痛絶えがたし。そして呼吸の度毎に水は咽《のど》に入り、ついに腹内に充つ、充つれば休み、足の方をあげて、水を吐かす、吐く時に水は口鼻より走り出て又苦しむ、吐き終れば再び繰り返す。

糞責《くそ》というあり、水責の如くなせしものが、町奉行米津《よねつ》勘兵衛田政《たまさ》（慶長十一年より寛永元年まで勤務）糞責をせんと、囚人を責しことあり、と伝えられている。

権現様《ごんげんさま》御時（家康《いえやす》の時代）、米津勘兵衛の町奉行の時に山中源左衛門と言う者、罪あって捕え候、同類御吟味にて、勘兵衛色々と糺問《きゅうもん》致し候えども、源左衛門なる者応えて、「士たる者糺問に臨みて、同類を差すものにてはこれなく」とて、如何様に糺問いたし候ても「一言も申さず」と言うて頑として応えず、困却した勘兵衛は、その分にして一日置き、「明日糞問に致す」と言えば、源左衛門曰く、

「その方はさてさて是非なき事を申すものにて候、士たる者糞を食候ては、いかにしても忍ばれぬ事にて候、この上は是非もなき事に候、同類を白状致す、その方もその心得にて、かくの如く中ものと存じ候、同類は第一その方の嫡子《ちゃくし》、何某にて」とその外同類をさし申候（室鳩巣《むろきゅうそう》著書より）

幕府の四種の拷問とは、
第一、笞打《むちうち》、第二、石抱《いしだき》、第三、海老責《えびぜめ》、第四、釣責《つるしぜめ》の四種である。

海老責は火附盗賊改《ひつけとうぞくあらため》の中山勘解由《なかやまかげゆ》（天和三年）の創案とされている。

天和三年六月、江戸にて火附七人を捕えた、盗賊奉行の中山勘解由はさまざまな苛酷な責方をしたが、その中に鶉権兵衛という者は如何しても白状しなかったので勘解由は腹を立てて、

「権兵衛よく聞けよ、髭を抜き乍ら吟味するような奉行とは違うぞ。苦しい目に逢って死ぬより、早く恐れ入って白状せい」

と脅すと、権兵衛は居丈高《いたけだか》になり、「いかに勘解由殿、髭を抜くとは甲斐庄喜右衛門殿の事か、

四ツ木の曳き船

彼の御方は明白にして少しも邪なる事なし、私にかく辛き目を見する事、余り情けなし、この恨み骨身に徹せり、必ず三年の内に必ずその験を見せん」とやり返した。

権兵衛を四谷に晒《さら》すとて連行したが、勘解由の屋敷の門前を通る時に、「やがて思い知るぞ」と大声に怒鳴るとその声は四辺に響き渡り人々を恐れさせた。その月十二日、鈴ケ森にて炮烙《ほうろく》（火あぶり）の刑に処せられる時にも、権兵衛は身体に火がついて、口中から火焔が出る様になっても「勘解由々々々」と三度叫んで遂に、頭骸が割れたという。

その後、勘解由の子が四才に達した時に乳母が急に暇を願い出たので、怪しんで問いただすと、「坊ちやまは、夜中に行燈《あんどん》の油をお舐《な》めになる」と、まるで有馬の怪猫のような事を言うので勘解由は信じられなかったが、その夜、見張っていると、事実であったので勘解由はその童児を刺殺した。その兄の嫡子《ちやくし》は、乱心して死去するし、勘解由は全身に赤筋が生じ、腰が曲り苦しみ、やがては、「権兵衛が来る、権兵衛が来る」と口走り腰の病が重くなって没した。（故中川老人の雑記写本より）

海老責の外、三種の責方は、その起源来歴は詳細でない。昔よりの因襲ものであろう。幕府では、笞打・石抱・海老責を責問《せめどい》といった。（牢屋にて執行するゆえ、略して牢問《ろうどい》とも言う）

釣責を単に拷問とのみ呼んだ。

拷問の仕方

一、拷問の出役人は、第一吟味方《ぎんみかた》にて、次は書物役《かきものやく》、次は御徒目付《おかちめつけ》、御小人目付《おこびとめつけ》、次は鎰役《かぎやく》、次は打役《うちやく》、そして牢屋医者と牢屋下男《したおとこ》に非人《ひにん》等である。

一、吟味方は、町奉行の組与力、吟味掛《ぎんみがか》りの者で、この与力の内、主任者あり、奉行の命を受けて拷問を掌る。

一、寺社奉行、御勘定奉行支配の分も江戸では、町奉行に頼み、その与力が執行した。

一、拷問下役は、町奉行所の同心にて、与力に属し、二人か三人、書物役に出席する。

一、御徒目付、御小人目付は、幕府の御目付の支配なれば、平常、監察の役を掌る。(町方掛《まちかたかか》りと言って、臨時町奉行所へ見廻りをし、或は町方監察を司る者なり) これが拷問に立会う。

一、目付は与力に向い、拷問にかかれる囚人の名前書と、顚末《てんまつ》(罪条) を聞き合せ、もし与力に非議あるか、或は罪科疑敷ものは、異議を御目付に具状するなり。

一、鎰役 (鍵役) は牢屋預り石出帯刀の組同心で、牢屋の重役なり。牢内の鍵を預り、囚人の出入を司る、それゆえ此席に出るなり。

一、打役も同じく石出帯刀が組同心にて、あらかじめえらばれてこの役を命ぜられている。

一、牢屋医者は牢屋抱えの医者にて、拷問中、囚人の異変の手当等をなすために出席するゆえに、拷問中たえず囚人に注目している。即ち拷問おわれば、囚人に気付薬を与え、脈を診、手当をする。

一、牢屋下男は牢屋抱えの者で、石出の印付法被《はっぴ》を着て、囚人拷問の取扱いをする。

一、非人は市内の非人にて、牢屋へ詰る者なり。（これは非人に課せられた一種の賦役《ぶやく》である）

一、又奉行も出席する事あり、その場には臨まず、陰にて聴くを例とした。

一、牢屋敷内に穿鑿処《せんさくじょ》という処あり、八畳敷二間にして、中仕切、唐紙、襖、三尺板椽の折廻《おりまわし》（薄縁を敷く）附き、前出庇下《ひさし》（霧除障子《きりよけ》の下）六尺通りタタキ（蓆敷《むしろ》）次の間二間あり、中仕切唐紙襖なり、右八畳の間は吟味席、六畳の間は同心物書所なり。

一、冬は、役人各人へ箱火鉢《はこひばち》一ツずつ備え夏は煙草盆《たばこぼん》とす、又、吟味掛へは、硯箱《すずりばこ》一ツを常に備えた。

一、夜間は燭台《しょくだい》を出し、軒下に提灯《ちょうちん》をつる。

一、吟味与力、御徒目付は、継裃《つぎがみしも》、脇差《わきざし》を帯し、背後に刀を置く。御小人目付は、羽織、袴、背後に刀を置く。

一、鍵役は羽織、袴、帯刀、打役は羽織、白衣、医者も同上、下男は法被（石出帯刀の印物）非人は白衣。

一、囚人は、一般に白衣、手鎖《てじょう》をはめて引出す。

一、囚人身分柄（旗本の士、格式ある神官、僧侶）の者は、打役両人、左右に付添い、与力と同間へ坐せしむ、その他士分、平神官、僧侶の類は縁側、付添前に同じく、足軽以下平民は、囚人台（タタキの間蓆敷の事）なり、打役付添は縁側なり、これは挾みという、警固のためなり。
一、白洲板塀の際に、拷問道具、石、真木《まき》、太縄、箒尻《ほうきじり》など備え置く、囚人の胆を冷す為なり。（真木又は十露盤板《そろばんいた》という）
一、海老責、釣責の二ツは、別に牢内の拷問蔵にて行う、拷問蔵は、二間に二間半あり、内二坪座敷、残り白洲なり。
一、身分柄の者は、初め掛与力、その姓名を呼び、
「今日は何々守殿（老中《ろうじゅう》）の御指図にて、当席に於て、吟味をとぐるにつき詞を改め、尋問する間その意を得申すべし」と申し渡し、

「兼々奉行より、再応の説諭ありしも用いず、証拠現然たるに、身分柄と似あわぬ心得にて、公儀を恐れずして、申陳じあるゆえ拷問にするべしとの命を受け、今日役々出張せしなり、この場に至り、深く心得違い致し、申しのべぬ上は拷問すべし、恐入ったる事にてはなきや、身分柄をわきまえ、先非《せんぴ》を悔い、有《あり》ていに白状服罪すべし、責問の吟味を受けるとは歎かわしき次第なり」

と再度叮嚀《ていねい》に申渡し、而してなお深く白状せぬ場合は、語気を荒げて叱責《しっせき》し、いよいよこれまでという時に、立会役々にも、

「も早や是非なし、拷問すべきや」と、一応の会釈をなす、異存なければ、縁下へ引おろして拷問にかけるのである。

役人に引き立てられる罪人

笞打

一、拷問に至れば身分の差別なく、打役は囚人の手鎖をはずして、諸肌《もろはだ》をぬがせ、下男と共に太縄にて縛り、左右の腕先は背後の肩まで、順々と緊めあげ、その縄先を前後に引分け、下男二人これを引つめて囚人を動かさぬようにする、これだけでも囚人は苦痛になる。

一、それより打役は、先ず一方より箒尻即ち拷問杖にて囚人の肩を、力一杯に打敲《たた》く、又左右より打役二人にて、交互に敲く事あり、皮肉破れ、血はしり出ず、血出れば下男は砂を疵口に振り掛け、血どめをなし、又その上を打つ。

一、右の如くして、或は打ち、或は問い、大概打つこと百、五六十にして、なお白状せざればやむ。

一、要するに、きびしく縛り上げられただけで、その苦痛に堪えずして大声に泣き叫ぶ囚人は、打たれれば間もなく白状す。されども口を堅く閉じ縛られながらも、びくともせず、眼をとじて自若《じじゃく》なる奴は、これは剛胆《ごうたん》非凡の者なれば、皮肉破るるも、なかなか白状せざる者なり。又、おかしきは囚人銘々の癖ありて、或は題目或は南無阿弥陀仏を唱え、甚だしきは、不動経、観音経など誦《しょう》する者あり、かかる輩は、必ず白状するにきまっている。

石抱

一、前の笞打拷問にて、白状せざる時は、直に石抱にかかるなり。

一、石抱拷問は真木又は十露盤板という三角形の台を、庇受柱の前に据え、囚人をその上に坐らせ（尻を巻くりあげて）縛りたるまま体は柱にくくりつけ、膝の上に石を五枚のせ、なお白状せざれば十枚にもする。その石は五枚にて囚人の顎《あご》の辺までとどく、見る間に囚人は段々口より泡を吐き、鼻水を出すゆえ、藁《わら》を石の上にのせ首を受けさす、石は落ちざる為に右太縄にて縛り、柱にくくりおき、下男付添い注意す、その様左図の如し。

一、右石抱は、はじめ五、六枚も積めば、大抵の者は気絶するを以て、これにてとどめ、なお白状せねば、日を隔て又拷問にかけ、一枚を増し、なお白状せねば又一枚を増す。最初の一日に十枚を抱かせるのは稀れである。

一、かく五枚積み、七枚積み、十枚積みて時を経れば、総身《そうしん》はことごとく蒼色《そうしょく》に変じ、口唇より泡を吐き、又は血を吐くに至る。かくてもなおひるまざる時は、下男左右より、力を極めて石を動かし、

「さあ、どうだどうだ」と責めれば、脛《すね》の肉はめりめりと真木にくい込まれて、実に骨も砕くるばかりで、その苦痛は大変なものだ。

一、時間は大抵三、四時間なれども、剛情《ごうじょう》の者にはそれ以上することもあり、大抵の囚人は、

石抱

六、七枚にて或は絶息《ぜつそく》し、或は寝入るがように鼾《いびき》をなし、殆ど精神恍惚なる者の様になる。又横着者は、仮に死せし真似などして、時間の立つを待つあり、中には眼を細く明き、役人を打眺めるものあり、かかる場合には、役人は無言にて、只囚人の息遣いを伺い、石の数を増す、囚人の絶命せざる程度にする。

一、又絶命するや否やの度合を見るには、囚人の足先より、色自然に変じきたり、追々のぼりて、股腰に至る。その色蒼白、もし腹部に入れば、立会の医者注意をする。

一、此時よりなおも続けるのは、主任与力の胆力一にありて、囚人の生命は実に風前《ふうぜん》の灯《ともしび》、草上の露よりもはかなく、一歩を誤れば死ぬ、実に大切というよりは恐しき役柄なり。

一、かくて最早《もはや》これまでと見込ときは、打役に命じて、石をおろさして、下男も非人も打寄り、惣掛りにて、速に取片付をなし、囚人は釣台《つりだい》にのせ、仰向に臥させ、医師は気付と冷水とを与えて、牢内にかき送る、これは非人の仕事である。

海　老　責

一、前の笞打、石抱にても、なお白状せねば、海老責にかけるなり。海老責は拷問蔵にて行う。

一、さて海老責は、笞打又は石抱の責問後、数日を経て、身体快復した後にあらねばならず、図の如く手を背後になし、体を屈げ、両足と顎と密着させるまでくるなり、かくして三、四時間も置く。

海老責（青細引にて図のように縛す）

釣責

一、前の海老責にても白状せざる時は、釣しにかく。

一、その釣し方は、手を後にくっつけて、梁《はり》に引揚げるなり、縄次第に皮肉にくい込み、その苦痛は最高であるという。図を見て知るべし、かく釣し置く事二、三時間になれば、足の爪先より血潮したたり落つこともあり。

左に、強盗吉五郎なる者が拷問にかかりたる状況を記して、その仕方を知らせよう。

天保七年七月、北町奉行榊原《さかきばら》主計頭《かずえのかみ》掛りにて、播州無宿大坂入墨定蔵事吉五郎の拷問の度数。

午七月廿一日、牢問、縛り敲、石五枚、白状せず。（縛り敲とは笞打の事）
八月十一日　同断。
九月十六日　縛敲、石七枚、白状せず。
九月十九日　縛敲、石七枚、白状せず。
十月廿一日　縛らざる内に白状す。
未四月九日　縛敲、石八枚、白状せず。
四月十一日　同断。
四月十三日　縛敲、石八枚、白状せず。
五月十八日　縛敲、石九枚、白状せず。
閏七月一日より十八日まで八度、縛敲、石九枚、白状せず。
閏七月廿七日縛敲、石七枚、白状せず。
八月十八日　縛敲せず、石七枚、白状せず。
但し昼四時より夕七時まで掛置くも白状せず。
九月廿二日　縛敲、海老責四時間、白状せず。
十一月十一日　縛敵きびしく、石八枚白状せず。
十二月二日　海老責、白状せず。
申二月十三日　縛敲、石九枚、白状せず。

釣責

三月二日　縛敲、石九枚、白状せず。
四月三日　縛敲、石九枚、白状せず。
四月十一日　拷問決せず。（釣責の事）
四日廿一日　再拷問、白状せず。
但し四時六分より九時六分迄掛置、白状せず。
都合廿八度、内海老責二度、拷問二度。
（これは三年間にわたって責苦を受けた事になる）

拷問中白状せし時

一、拷問中に白状せし時は、責を免し、医者は気付を与え、水を呑せ、陳述を聞きて、白状書を作り、これを場所口書といい、本人に読み聞せて、拇印を捺させる。

一、士分は姓名を自分にて記すべき筈なれども、責められたるため、執筆不可能の時には、拇印にてすませること臨機の計いに任ず。

四人拷問にかからんと覚悟すれば、牢内にて古顔の者に話し、種々拷問を受る時の事など聞き、殺されても白状するなとすすめられる。さて、当日に至れば、兼て下男どのより、今日、誰が拷問にかかるという事を秘かに通知し置くものと見え、呼出しをかけると、牢名主は、白状するなと、励まし、梅干の肉を用意し、口中にふくませてやるという。こうすると、拷問中、咽喉のかわきを助け、呼吸をたすけるききめがあるという。

いよいよ、拷問すみ、牢内へ帰れば、白状せずして来たときけば、一同にて裸にして、酒を吹かけ、手取り足取り揉み柔らげ、綿の如くになす。その時、本人は痛さに堪えずヒイヒイと叫ぶも更にいとわず、もしかくする時は、身体の悩みとみに癒《い》え、拷問数度に及ぶ程、筋骨堅く、壮健肥満すという。されどももし白状したといえば、も早や死刑をまぬかれぬゆえに捨て置くという。

拷問中即死せし時

一、拷問は、死罪以上の証跡すでに分明《ぶんめい》なるも、本人の白状せぬ時にするのであるから、最初よりもしあやまって死んでもと覚悟して掛るので、証拠も挙がらず曖昧《あいまい》の囚人に拷問を猥《みだ》りにする事はない。

一、されば万一、拷問に依って即死するも、立会の役々の過失又は、故意の仕方などでない場は責任はない。かかる場合は事情を委細に記し、主任与力及び立会与力連名にて、奉行へ届け出るのである。

「古翁雑話」によれば、(この書は、南北与力・同心等、驕奢《きょうしゃ》の様を、与力中村一之氏のものせし写本なり)此忠蔵(北の与力・天明頃の人)指切新兵衛(この新兵衛は深川仲町の店頭にて、俗に子供《こども》屋《や》(娼婦屋)という家業の者なり、至って博奕《ばくち》好き、殊に侠客《きょうきゃく》なりし故、終に縛に会いしと)という悪徒を、強く責問し、ついに責殺したり。しかるに、その夜、忠蔵が雨戸をあけたれば、新兵衛忽然と庭に立てり。忠蔵、憤怒して、叱りしかば、消え失せぬ。それより次第に忠蔵が勢衰えゆき、不日《ふじつ》にして転居せられたとか。その後、薙髪《ちはつ》して、上野辺に、時雨岡という処に草庵を結び、雨岡と改名し、歌学の師となれり云々。

拷問を受けて服罪せざる者

一、罪跡確固たるに、白状せざる者は、掛り奉行より、老中に伺出て、察斗詰《さっとづめ》と唱え裁許を申渡すなり。

一、かかるためし、十分には更に見えず、平民には享保《きょうほう》以後一、二あり。天保《てんぽう》七年、榊原主計頭掛にて、前記の播州無宿の吉五郎、遂に数度の拷問に白状せず、よんどころ無く察斗詰にて死刑に処せり。その時の手続きを左に記す。

右吉五郎は数度の責問に白状せざるを以て、榊原主計頭与力吟味掛の者、銘々見込申立候書面左の如し。

播州無宿大坂入墨吉五郎儀、再拷問にも相決し申さず候えども、なお此上追々拷問仕候わば、ついには責問のために死におよび候より外御座なく、やむ事を得ざる儀には候得ども、数十度牢問の上、拷問両度にもおよび候儀に付、例書の趣等により、何とか上への御内慮、御伺方も御座あるべく候や、去暮中御察斗は相成候見込を以て、御伺書草稿取調御覧に入候得ども、右は近来絶て例え無く容易ならぬ儀に付、御聞請も如何御座あるべくや、との御沙汰の趣、御尤至極に存奉候、然しながら、右の廉を除き候ては、外に御所置もこれなき儀と、存奉候得ども、午年夏以来の儀にて、此上拷問度重り候とも、却々白状仕べきていあい見え申さず候間、これまでの次第を以て、評議仕候わば、外に良案も御座あるべくや、私より相談かけ候のみにては、区々相成申べく候に付、此上は取調方とくと談判仕、申上候様、同役共へ仰渡し御座候わば、存付候品もこれあるべく存奉候、これにより此段申上候、以上

未　四　月　　　　　　　　　　　　　　　東条　八太郎

播州無宿吉五郎儀、数度責問の上、拷問両度々及び候処、白状つかまつらず候に付、東条八太郎申上候書面、御下げなされ、心付候儀も御座候わば、申上べき旨仰渡さるべく、候此儀、右吉五郎儀、牢問の節、理害申聞候得共、たとい責問にて死におよび候共、白状の上、御仕置に相成候儀は、難渋仕候旨申、心を定め居候様子にこれあり、自体丈夫の生立に相見、度々責問に逢、右に馴固り候哉にて、此上牢問致し候とも、その時は絶入候程に御座候ても、間もなく復し候容躰にて、容易に白状仕まじくやと存奉被候、外に白状致さすため申べき手段御座なく、右様稀なる骨柄にて、殊に先達て牢抜け相企候儀もこれあり、此上、自然牢内不良を生じ申べく哉も計り難く、享和元酉年、根岸肥前守殿御掛の無宿小助は、拷問におよばず候得共、今般の吉五郎は、拷問までも両度仰付られ候儀に付、かたがた御内慮御伺相成候わば、しかるべきやに存奉候、以上

四月二十八日　　　　　　　　　　　　　　谷村　源左衛門

播州無宿吉五郎儀、度々牢問の上、拷問仕候えども、白状つかまつらず候に付、此上取調方ぞんじつきも御座候わば申上候様仰渡さるべく候。

此段、右吉五郎儀、数々牢問の上、海老責又は拷問両度まで仕候えども、白状せず、右は引合の者、申口もこれあり、悪事の次第相違これなく候上は、先達て牢抜企候儀も御座候、かたがた御仕置のがれがたき者につき、その段理害申聞、右躰数度の牢問の上、海老責あわせ拷問迄つかまつり、私儀も両三度牢問致し、見受候処、死を決候躰にて、白状つかまつらず、此上何度牢問仕候共、白状仕候様子には存じ奉らず候、依て勘弁は仕候処、根岸肥前守殿おかかり、無宿小助儀は、拷問におよばず御仕置仰付けられ候者にこれあり、その後市ケ谷無宿太郎兵衛儀は、加役方にて、一旦は白状つかまつり、此方へ引渡に相成候後、申口を替、度々牢問の上、拷問仕候得共、白状せず候に付、口書爪印難渋仕候、不届を以て、御仕置仰付なされ候儀これあり、此度の吉五郎儀も、度々の牢問の上、海老責、拷問まで仰付られ候処、相違なき悪事を白状仕らず候者に御座候間、右の趣を以て、御察斗詰の上、御仕置仰付下さるべく候処、容易ならざる儀に思召候わば、この上白状仕候や、又は死におよび候まで、際限なく牢問仰付なさるべき候処、一旦拷問仰付なされ候者を、此後一通りの牢問仕候ども如何御座あるべきやに、存じ奉り候間、前書の始末、一応御内慮御伺これある次第には御座ある間敷哉に、存じ奉候、以上

申　四　月　　　　　　　　　　　　　　　　　　三村　吉兵衛

播州無宿吉五郎儀、これまで度々牢問の様子見うけ候処、この者は何度拷問仰付候共、白状致す見込これなく、一躰引合の証拠顕然の処申紛、その上牢抜（脱獄）企候一条に、たずさわり候者につき、御察斗詰を以て、御仕置仰付下さるべき候積、御内慮御伺御座候方と存じ奉候。

四月廿八日

中島　喜右衛門

播州無宿吉五郎儀、是まで拷問の節、私儀も度々立合罷越、見うけまかりあり候処、一体同人儀は、責問にて死を決しおり候様子につき、この上引続き、何度厳敷痛問仰つけなされ候とも、決して相申すまじく、ついには右にて気骸つかれ、死におよび候様にては、事体において、しかるべからざる筋にも存じ奉ること、且又、右吉五郎儀は、盗みの証拠はたしかにて、殊に一旦は白状いたし、その後申口を替、申張りまかりある候者にもこれあり候間、かたがた御察斗詰のつもりを以て、御仕置御内慮、御伺あいなりしかるべきやに存じ奉べく候。

三好　三次郎

播州無宿吉五郎儀、牢問の節も申候は、この上何様責問これあり候とも、白状いたすまじきよしにて、当人死を覚悟致し居る様子にて、すでに両度も拷問仰付なされ候ても、決定は出来ず候ゆえ、御察斗詰の積を以て、御仕置御内慮御伺相成候てもしかるべきやに存奉候。

申　四月

米倉　作次郎

（朱書）
申四月七日、田中休蔵（御祐筆《ごゆうひつ》）へ談じ候処、右は申上候にもおよぶまじく候えども、先談書は預り置き候旨申しきき、付ては申上候有無にかかわらず拷問申付候。

御祐筆衆談手覚

播州無宿
大坂入墨定蔵事

午四月十二日入牢

吉　五　郎

右の者儀、大坂において、入墨御仕置相成候後、御当地へ出、盗致し候に付、組廻の者、召捕り来り候処、右盗事の始末、申口を替候に付、拷問の上一旦白状におよび候後、間もなく牢抜を企候、吟味に付、同役伊賀守（筒井町奉行）へ引渡し、吟味の上、本罪死刑に相当候者に付、見《み》懲《こらし》のため、牢庭において重申付べくやの段、相伺い、伺の通り仰渡さる御仕置相済、引渡候に付、右うけ取り、本罪の処、口書申付候得共、又候申口を替候に付、是まで都合廿六度、責問致し、右の内両度海老責をも致させ候処、同様申はり（強情）まかりあり、右の悪事は、証拠げん然の儀にて、殊に一旦白状および候ものの儀に付、この上は拷問申付べきやと存じ候、しかる処、拷問の儀、文化五年辰年以来、申付候ほどの者これなく、暫く中絶致し候儀ゆえ、一応御談におよび置候事。

編者曰く前の書面は、榊原主計頭より、その仕置掛り祐筆へ相談いたしたるものにて、拷問の手は百ケ条書にも定めあり、奉行職権内においてこれを施行し、いささか違法なきものなるに、中絶致したりとて、念を入れ、閣老手付の祐筆まで、内談せしを以て、幕政中、拷問の事に就て、念を入れしこと意外なるを知るべきなり。

これによると、封建時代ゆえ相当無茶な裁判が行われたように考えている今日の人々にとっては意外な程、江戸期の役人は慎重であり、むしろ明治、大正期の警察の方が無茶で、殊に思想犯に対して行った拷問などは、末端の刑事の変態的な職権乱用が考えさせられる問題である。

前の吉五郎儀、察斗詰に評決して、老中へ伺の上、左の如き罪科申渡し、天保七年申五月二十三日落着

播州無宿
大坂入墨定蔵事
吉五郎

その方儀、先達て盗いたし候科により、大坂表において、入墨、重敲《じゅうたたき》御仕置に相なりたる身分にて、無宿入墨利吉、外十人、一同御当地へ出、旅人のていに致しなし、右の者ども一同、往来又は商人家にて盗取候品物、同類の内、無宿万吉、清七馴合、忠蔵方へ罷越、鼻紙袋外と入等

の注文を致し手付金相渡、品々差出させ、右の内鼈甲《べっこう》櫛四枚盗取、芳吉へ四両に売払い、内金壱両清七より配分受け、酒食につかい捨候段、一旦申立候後、申口を替、盗の始末覚えこれなく、同類の内、無宿勝五郎の仕業にこれあるべく、同人面躰その方に似寄居候旨申紛候得共、忠蔵召仕徳次郎、外一人、右躰鼻紙袋外と入等の注文承り、挿櫛差出候節も引合、暫時応対致し面躰しかと見留、吉五郎に相違なき旨突合せ吟味の度々申立て、右櫛四枚の内、二枚芳吉儀、遠州掛川宿へ積登せる積にて、飛脚問屋佐右衛門方へ相渡し置き、柳行李《やなぎごうり》内にこれあり、忠蔵盗取られ候品に相違なき旨、同人の申立に付、牢問申付、五度目の節、一旦白状におよび候後、間もなく牢抜相企て、同役伊賀守掛りにて、右御仕置相済候後、なお同様申口を替候得共、右の通り応対致し候者の引合、且品物もこれありし上は、証拠顕然の儀にて、吉五郎仕業にまぎれなく候に付、なお数度責問の上、拷問まで申付候処、相陳罷在候得共、一旦白状におよび候上は、今更盗致し候覚これなき由の申口は、取用しがたく、右始末かたがた不届に付、死罪を申し付。

天保七年申五月二十三日

この吉五郎裁判に三年かかっている、裁判というものに年月を要するのは今も昔も変りないようだ。

吟味の口伝

一、拷問は濫《みだり》に行うものにあらずして、御詮議方第一厚く心掛べき勤向に候、およそ罪人を調べるに古言《こげん》にもある如くその罪を憎み、その人を憎まずと申す如く、よくこれを服膺《ふくよう》致し、必ず己の功を思うて、罪に落すべからず、又、他より助言（賄路又は上官の内命）ありても、惑わずして、自分の心に愧《はじ》ざる様心掛、能く能く愛憎の念を去り、明鏡《めいきよう》の如く心を澄して、裁判致すべく候、さすれば、囚人の悪事は、この方の心の明鏡に写り、彼を一言の下に驚怖《きようふ》狼狽せしめ、答弁躊躇《ちゆうちよ》せしむべく候、その時、彼、沈黙して答なく、何か工夫して遁辞《とんじ》を設けんとするものなれば、その折をすかさず責め問うべし、必ず口をひらく者にて候、この方よりさぐりの詞、彼の心に適中せざる時は、速に返答し、或はムッと憤る、面色に現るものなり、是前の反対なればなり、故によく囚人の顔を見詰て、吟味するが肝要に候。

一、雑人といえども、罵《ば》詈《り》讒謗《ざんぼう》の語気を以て、吟味すまじく候、彼の相手になりて、申争う体になるは、甚だ拙《つたな》し、我職《しよくしよう》掌の範囲を守り候て、威格を失うことなく、又慈悲の心、自然と彼の心に感じ、責られながらも、余儀なしと思わしむるが、専一に候、彼れ我れを敵視して、この方を恨み候様になすべからず候。

一、吟味中、折には激声を発し、叱咤することあれども、初めより大音を発するはよろしからず候、末には声かれて、聴ぐるしく、緩急よく調子をとり、いよいよという時に押しかかり問詰めるべし、応答数回におよび候えば、少なくも三とき（六時間）ぐらいは掛るものゆえ、その心得にて致すべく候、不馴の内は、初めの内より、大音をあげ、責問致し候ゆえ、最後には調子変り、間の抜け、我から弱くなり候。

一、拷問せざれば、白状すまじと見極め候ものは、同役衆にも見込を相談致し、吟味の様子に注意を頼み、又は人を替えて吟味致し、同役も同様の見極に候わば、その次第を逐一奉行衆に申立て、直に吟味あらんことを請うべし。おのれの吟味の節、白状せざる者、同役或は奉行の吟味に白状しては、おのれの職務立がたしと思い迷うて、かえって他の批判を招く事に候、もし自分の吟味の仕方悪しき事なきやと、再三熟考致し、それにても他人の調べにて、白状するは、決して恥にてはこれなく候、我慢をして、大切に取扱うべき事に候。

一、拷問にかけべき者は、享保七年、大岡越前守殿御勤役中より、人殺、火付け、盗賊と定り、元文五年、水野備前守殿御勤役中より、関所破り、謀書《ぼうしょ》謀判《ぼうはん》を相加え申候、右の分、悪事の証拠たしかに候とも、白状致さざるもの、ならびに同類の内白状致せしも、本人白状致さざる候時に候。

一、御詮議者の内、或事は決せずして、外の悪事は分明に相知れ、その科にて、死刑に処せらるべき者は、一方の罪にて、死刑に極り候者のゆえ、拷問に掛け候も厭う事にこれなく候。

一、右の外にも、拷問すべき者は、奉行衆評議の上、申上べきとの事、享保七年、大岡越前守殿の頃より相極り申候。

一、拷問口問の節、立会の者は、吟味の様子、申口《もうしぐち》、得と承り届候様に申付べくと、享保三年、大岡越前殿御勤役中と、延享二年、島長門守殿御勤役中に、御老中方より御沙汰これあり、その節より、必ず吟味方与力一人にて致すことなく、同役立合にて、御目付方も臨席申候。

一、拷問者の内、火付は証拠すくなきものにて、最上の難獄に候、多く幼者《ようしゃ》、愚者《ぐしゃ》にて、毎度掛役は失策致せし先例もあるゆえ、注意もっとも肝要に候、火付はいささかの端緒より目ざされ、罪人と極るものにて、証拠至て弱く候得ば、必ず深入して誤るまじく候、去りとて手ぬるき仕方なれば、罪人皆々のがれ候故に、第一証拠、証跡、当日の模様、平日の挙動、本人の性質或は捕縛役人を除き、外々の探索を命じ、或は牢内の探偵等、手に手をつくし申べく候、捕縛の同心、場所口書《くちがき》をのみ証拠に致し、吟味詰るは甚危く候、第一は問詰たる吟味仕方、或は手段にて引出さんと試み候は悪く候、おどしの吟味もあしく候、幼者愚者は、いづれへも寄付ものにて、此方はなるたけ詞少く、彼れが言がままにして聞取り熟考して、初めて仮口書へ拇印せしめ、再三探索に手を尽し候て、いよいよ疑なきを以て、吟味をつめ、口書完結せしむべし、取急ぎ吟味候時は、冤罪《えんざい》に落し申候。

一、罪人を拷問するに、人情に入るべからず悪事は人情に外れ、普通の人情を以て考える時は、斯る事は迚《とて》も致すまじくと、思う事をなし居ものに候、悪は善の逆行にて、すべて表裏に出で候、故に悪人を調べ候には、悪人の心になり、考え見るべし、又人殺の如きは、殺す程のことなきに殺すことあり、是は罪人の恐怖心より、思慮もなく殺すことにて、例えば、家に盗賊入り、追迫られ、余儀なく人を疵つけ殺すこともあり、これは初めより殺す心得にてはなく、ひそかに盗に入り、追迫られて、遂に己の身、殺害にも逢うべきかと、思わず人を殺すに至候、又、盗賊或は不義にて、人の家へ忍び入り、発見されて、後難を恐れ、遂に殺すこともこれあり、是等は、皆、事の意外に出て、通常にては考え当らざる儀に候、依て右の殺したる刃物の切口等は、第一の証拠にて、深く考え工夫すべし。

一、鞫問《きくもん》に順序を追て問べからず、呼出さるる前より、工夫思案致し来ること、罪人の常なれば、此方より、突然意外に問かけ、彼の心算を齟齬《そご》せしめ、彼が問われんと思う所を問わず、横道より責立候えば、真実ならざるものは、自然と苦心し、いささかの事までも狐疑《こぎ》して、一々さわやかに答弁ならぬ者に候、これ心中に私ありて、工夫致す故に候、もしも正直の者、一点の疑心なければ、何をたずねられ候ても、一向に平気にて答うべきは答え、知らざるは知らずと申候、数回尋問候とも、事実なれば、前後不揃はこれなく候得共、もし偽りの申立に候わば、答弁もその都度に相違致し候、何事もなき事にても、力を入れ苦む者に候、かかる内には、偽りの申立には、必ず押処出来て、申抜は詰り、遂に知らず知らず白状いたし候。

一、吟味中、罪人の申口、転動狼狽致し、彼の肺肝《はいかん》をつくが如く、星を打れ候時は、気昇り、顔色血走り、或は青くなり、声ふるえ、挙動一々変じ、額に冷汗を流し、身体自然にふるえ候、なお問詰候えば、せき込み、言紛さんとあせり候、この時が簡要にてゆるみなく責め問、遁辞の工夫をなさしめざる様に致すべく候、併し平押《ひらおし》にのみ押詰候て、かえって激昂させ、責殺さるるも、白状すまじと決心することあれば、其機を見抜き候へば、横道とは或は妻子、父母の事などを引出し、彼が愛惜《あいせき》の情に引かされ候様にしむけ、彼が決心を他に転じ、慈悲恩愛の詞を以て諭《さと》し、強情に募るは、かえって自分の不為なる事を、情愛に照し、理解説得する時は、如何なる悪人にても泣き出すものに候。

一、囚人に対しては、つとめて詞を正しくし、片落なき様心掛候は勿論、甲乙二人の者を吟味するに、甲の答弁を助け、乙を責るが如きありては、此方へ疑をかけ、心中に不平をいだかしむるは此方の不功者なり、あくまでも公儀に基き、吟味される者と、法に依て吟味する者との別を明かにして、聊《いささ》かの私念私意をさし挾むまじく候、十分に証拠揃いあれば、打ち敲《たた》きせずとも、彼自分（自然）と気を失い、血を吐くに至るものなり。

一、風聞書《ふうぶんがき》、探索書等想像を以て、文を巧みに書立ったる者、又は二、三人より同意の探索書出たる時など、もっとも注意すべき事にて候、何故なれば、文意の巧者に迷いて、或は信用し、探索する者、同じ筋にて、聞糺したる時は、二人三人の探索書も同様になることあればなり。

一、拷問の節は、立合役も医者もあれば、その時間を計らい、当然の仕方を行うて、万一即死するとも、此方の不調法にあらねば、十分胆を据えてなすべし、胆力なく候ては、吟味仕方弱くなり申べく、もっとも求めて手厳しくなし、死に至らしむるは、無慈悲の至り、愧《は》ずべく候。

一、昔、或吟味方の役人、兼て上手と言われし者、或る日、感ずる所ありて、家に帰り、役服のままにて、下男を呼出し、汝は我手もとの金子《きんす》を盗取り、不届なりと問いしに、下男は驚き、その覚えなき旨、申しひらきしに、段々理非をつめ、責問《せめど》い、或は憤り、或は諭せしかば、ついに下男、申開きつき、伏罪せり、依て役人は大いに驚き、我はこれまで、如何なる囚人にても、白状させずという事なかりしに、今、まったく無実の下男、我が調べを受け、伏罪せしを見れば、これまで冤罪を出し候事多かるべし、と、只今思い当れり、余り此方の詞強く、少しもゆるみなく責め問えば、愚人はついに閉口し、罪に落る事、この下男の如し、恐るべき事なりとて、その役人は自分と職を辞し、隠居せしと言う事あり、されば吟味方程大事の者これなく、口問ですらかくの如くなれば、拷問などはなおさらに候。

一、女の責問は、最も注意すべき事に候、すべて女の身にて、拷問にも掛るべき程の罪科を犯すは、却々の強悪にて候へば、一言にてその悪心あるか、なきかは分り候、我等も度々女の囚人を手がけしが、その内一人の女、密夫と申談《しんだん》じ、夫を殺し、密夫は既に白状し候も、女は白状せず、拷問にかけ、縛り上げて、一打うたせしに、忽《たちまち》、癪気《しやつき》さし込み、絶息《ぜつそく》したり、余儀なく其日を延し、再び出役せしに、此度も左様になり、かかること再三なれば、斯ては吟味はかどらずと思い、工夫して打ちやめ、直に石を抱せしに、いつもの調子と違い侯えば、殊の外苦痛のていにて、直に白状致し候、なお牢内へ探りを入れしに、女の言うには、打なれば直ぐにも絶息する工夫を覚え、度々の責問をのがれ、その内に出火でもあれば切放され、命助ることもあるべしと、楽み居りしに、石を抱されては、気絶するわけにも行かず、死ぬ程の苦痛をせし故、残念ながら白状したりと、相牢《あいろう》の者に語りしよし。又、或る女を拷問致し候処、一打たたかせしに、忽、後へ倒れかかり、両足をひろげ、陰部《いんぶ》を憚《はばか》りなくあらわし、その失躰に困らせん謀みに候故、是も打をやめ、石抱《いしだき》にせし所、堪がたく、白状致し候、又よく大小便をなし、一時の責苦をのがれんとする者など多くあり、わけて釣しにかけ候時は、注意致さず候へば小便をかけられんとすることこれあり候。

右は、我が経験と古老よりの口伝とを書綴り、子孫のために遺し置くものなり。

戊午のとし八月

編者曰く、この書は町奉行与力吟味掛りの心得書とて、綴りし私書なれども、当時、その筋役人の注意如何を知らしむるために、ここに加える。

とある。右の記述は、本書の如きものには決定版とも言うべき好資料である。この佐久間長敬《さくまおさひろ》翁の書き物以外には、この種のものは皆無といってもいい位だが、江戸時代の罪科の行政についての書は、近頃幾つか出版されており、その研究も大分進んで来たようである。次に、佐久間長敬翁が明治二十六年に書きのこした、文書を引用して本書の掉尾《ちょうび》を飾ることにする。

正刑六種

応仁《おうにん》以後、群雄《ぐんゆう》四方に割拠《かっきょ》し、禍乱鼎沸《からんていふつ》し、列国各々家政を異にし、聴断《ちょうだん》亦したがって別あり、相統一することあたわず、徳川氏撥乱反正《はつらんはんせい》の秋にあたり、専意《せんい》を治道《ちどう》に存し、刑制の一日も欠くべからざるを悟り、すなわち元和元年（一六一五年）公卿《くぎょう》条目、武家諸法度《ぶけしょはっと》を撰定して、これを行うといえども、唯律意を勧飾するに過ぎざれば、これを律書と称すべからず、寛永中、大《たい》猷公《ゆうこう》（三代将軍家光《いえみつ》）の時に初めて、評定所《ひょうじょうしょ》を設け、奉行を置き、これに課して訟獄《しょうごく》をつかさどらしむ。けだし徳川氏刑法発達の端緒なり、その後儒士《じゅし》をひき古律《こりつ》を明め、又明律《みんりつ》（中国の法律）を参酌《さんしゃく》し、以て時のよろしきにしたがう、寛保年間に至て大成を告げ初めて一代の典刑《てんけい》をさだめた。その正刑に六条あり、呵責《かしゃく》、押込《おしこめ》、敲《たたき》（これには軽重あり）追放《ついほう》、遠島《おんとう》、死刑、即ち是なり。

追放に六等あり、罪の軽重により地の広狭の差あり。刑にも又、五等あり、死罪、獄門《ごくもん》、火罪《かざい》、磔《はりつけ》、鋸挽《のこぎりびき》、即ち是なり。

正刑の外に属罪に四ツあり、晒《さらし》、入墨《いれずみ》、闕所《けっしょ》、非人手下《ひにんてか》、而して士族に七ツの閏刑《じゅんけい》あり、逼《ひっ》塞《そく》、閉門、蟄居《ちっきょ》、改易《かいえき》、預《あずけ》、切腹、斬罪即ち是なり。

庶人に又、三ツを設く、過料《かりょう》、閉門、手鎖《てじょう》、即ち是なり。

僧侶に、又三ツを設く、晒、追院《ついいん》、構《かまえ》、即ち是なり。

婦人に又二ツを設く、剃髪《ていはつ》、奴《やつこ》、即ち是なり、しかして無籍犯の徒、放免後なお再犯の嫌ある者は、佐渡、佃《つくだ》の二島に拘して、使役す、盲人、非人は、その族長即ち総禄《そうろく》、穢多《えた》頭、これを処決す。

右の刑名これを訳すれば、敲は古の笞杖《ちじょう》、追放にして、遠島は、流《る》にあたる。入墨は所謂《しょい》の黥刑《げいけい》にして、朱明の刺字なり、これ犯数を算する所以とす、別に門前払、武家奉公構《ぶけぼうこうがまえ》、扶持切《ふちきり》米《まい》召放、暇の四罪あり。

引廻《ひきまわし》は死罪以上の刑に該るもの、その所犯《しょはん》の重きに付す、けだし公衆の懲戒にそのうるゆえんとす。切腹は、古え五位以上の賜尽の遺制にして、獄門、火罪、磔、鋸挽の四ツは是極刑なり。佐渡、佃に差遣するは、稍《やや》徒刑《とけい》の法を、参用するに似たりといえども兼て亦授産と予戒の意に出ず、しかして僧侶の晒は朱明の枷号《かごう》に基き、追院、構えはすなわち追放の如し。

徳川氏の刑法これに於てか、大に備れりと言うべし、今篇は正刑六種の執行を詳説し、左記に図式にて示す。

- 呵責
  - 叱り／急度叱《きっとしか》り ― 叱責の上放免す
- 押込
  - 十日以上一百日以内（百五十日は異例）家居さしむ
- 敲
  - 軽―五十杖／重―百杖 ― 庶人に行う、箒尻《ほうきじり》を以て背を決打す
  - 過怠《かたい》末居
    - 軽五十日／重百日 ― 女子及十五歳未満の男子敲刑にあたる者に行う

正刑

- 追放
  - 江戸
    - 所払《ところばらい》
    - 江戸払《えどばらい》
    - 江戸十里四方追放
  - 京都
    - 洛中
    - 洛中洛外
    - 山城国中
  - 大坂
    - 所払
    - 大坂三郷
    - 摂・河・両国
  - 奈良
    - 所払
    - 奈良及居村
    - 大和国中
  - 長崎
    - 所払
    - 長崎
    - 長崎及郷中
  - 以下これを略す
  - 軽追放—江戸十里四方、京、大坂、東海道筋、日光、日光道中
  - 中追放
    - 武蔵、山城、摂、泉、大和、肥前、東海道筋、
    - 木曽路、下野、日光道中、甲斐、駿河
  - 重追放
    - 右の外に相模、上野、安房両総、常陸、京は更に、
    - 河内、丹波、近江を加う
  - 庶人は江戸十里四方
- 遠島
  - 江戸—伊豆七島
  - 関西—隠岐、壱岐、天草五島
- 死刑
  - 下手《げし》人—刎首《ふんしゅ》す
  - 死罪—刎首す
  - 火罪—焚殺す
  - 獄門—刎首後梟《きょう》す
  - 磔—磔して鎗殺す
  - 鋸挽—竹鋸にて挽き後に磔殺《たくさつ》す

- 刑名
  - 属刑
    - 晒—本刑前一日引廻し、刑後三日刑場に晒す
    - 入墨—盗犯に加う、手及び額等に文刺す、各地にて異なる
    - 闕所—本刑の軽重に依て、動産、不動産を官没す
    - 非人手下—重きは遠国非人手下、非人籍に編入す
  - 士族
    - 逼塞
      - 遠慮—門扉を鎖し昼間出入りを禁ず
      - 慎遠慮—遠慮に同じくしてやや厳なり
    - 閉門
      - 五十日
      - 百日
      - （共に）共に門扉を鎖し竹柵を構え奴婢《ぬひ》の出入を禁ず
    - 蟄居
      - 蟄居—閉門と同じ、ただし一室内に蟄居せしむ
      - 隠居—隠居し、その扶持を子孫に給す
      - 永蟄居—終身蟄居せしむ
    - 改易—永く士族以上を除籍し、その扶持を官没す
    - 預
      - 預
      - 永預
      - （共に）共に無期他家に禁錮す、永預は赦さず
    - 切腹—自ら屠腹《とふく》せしむ
    - 斬罪—正刑死罪と同うす

- 閏刑
  - 僧侶
    - 晒—市上に拘縛《こうばく》し、衆に晒す三日、その本寺に渡し寺法に行わしむ
    - 追院
      - 追院—官その職をとき、寺に帰るを禁ず
      - 退院—官住職をとき、退院せしむ
    - 構
      - 一派構《いっぱがまえ》—宗門の一派を除却す
      - 一宗構《いっしゅうがまえ》—一宗を除却す
  - 庶人
    - 過料
      - 銭三貫以上五貫以下
      - 銭十貫
      - 財産相応
      - （以上）納むる事能はざれば手鎖（これ当今刑法の換刑処分の如し）
    - 閉戸《へいこ》
      - 二十日
      - 三十日　門戸を鎖し営業を停止す
      - 百日
    - 手鎖
      - 三十日
      - 五十日　両手を鈴封す（手錠をかける）
      - 百日
  - 婦人
    - 剃髪—頭髪を剃り親族に下付す
    - 奴《やっこ》—本籍を除し請者に下付し奴とする、請者なければ禁獄す（入牢）

右の外に特別閏刑《じゅんけい》があり、大門口晒と言う。吉原廓内の者、廓内の犯罪に行う、その法は僧侶の晒に同じ、盲人と非人の刑は別にせり。

凡例

一、被刑者罪の軽重により、区別あるはもとより論なく、その取扱順序にても、既に南北両町奉行所に於て、自然と少々の差あり、これ慣例を墨守《ぼくしゅ》するによる。況《いわん》や京、大坂其他各地方奉行所に於てをや。今、これ等区別を全部列挙するは徒《いたずら》に繁雑にわたる煩あり、故に後日の編に譲る事と成し、本編は編者親しく担当せし、南町奉行所の例を元として示すなり、けだし他の奉行所もおおむね大同小異に止るのみ、読者これを諒せよ。

一、幕末文久中に至り、関係の官史《かんり》、肩衣《かたぎぬ》を廃したる事あれども、けだし幕府盛時の例にあらず、故に書中記するは、その盛時にしたがう、他事皆しかりとす。

一、およそ、南北町奉行所に於ては、遠島以下はその番所、吟味席即ち白洲《しらす》に於て、奉行自身が宣告するを例とす、組与力《くみよりき》及目安方《めやすかた》（奉行の家来）これに侍座す、白洲に若同心二人警固す、これを蹲踞《そんきよ》同心という。

死刑は検使与力をして、牢屋敷に臨み、宣告せしむ。

（穿鑿所画図五五ページを参照）

但し目付立会吟味の節は一般に奉行自身で宣告して、検使も徒目付《かちめつけ》、小人目付《こびとめつけ》立会となるなり。

晒（人通りの最も多い、日本橋晒場での僧侶の晒）

一、右、宣告、奉行自身で執行したる者は、刑人をして、与力吟味席にて、遠島以下は、受書を出さしむ。与力面前にて（目付立会の節は、徒目付、小人目付立会）読み聞かせ、平民は拇印、侍分及格式ある者は、書判をとり、又差添人《さしぞいにん》（名主、家主、役人、親族の類をいう）これに連印させるを法とす。

一、左記の七日は、すべて刑の執行を停止す。

毎月八日、十日、十二日、十四日、十七日、二十二日、二十四日、右は将軍家代々の忌日《きじつ》なり。その他臨時は、大祭祝日、及び大祭祝日の前夜とす。

一、身分に依て、区別ある扱い方。

旗本及、目見得《めみえ》以上《いじょう》の士、及び有位《うい》の神官僧侶は、吟味席を殊に座敷とす、獄は揚座敷《あがりざしき》に幽す、士分の着服は、紋付時服《じふく》、麻裃、僧徒は、無地の時服、獄に幽する者、法衣《ほうえ》を脱す。

熨斗目《のしめ》以上《いじょう》、目見得《めみえ》以下《いか》の士は上椽（畳縁）寺格《じかく》ある住僧《じゅうそう》、社格《しゃかく》ある神主《かんぬし》、検校《けんぎょう》はこれに準ず、獄揚り屋、着服同上、幽囚の徒は法衣を脱す。

熨斗目以下の士、及び僧侶、神官、勾当《こうとう》等は落椽、着服、獄同上。

以上在獄者は皆羽番縄、

足軽以下、庶人は白洲、砂利、獄は牢舎、着服は、足軽及家持町人、羽織袴、地借《じがり》町人、羽織白衣、店借《たながり》町人白衣。

但し預けものは同上、牢舎者は、足軽以下一般白衣、染縄をかけ（俗に横目縄と言う）小手を許し置き、足はホダなり、手鎖又預け者は、白衣、懐中にて手鎖す。

第一　呵　責

本刑は、正刑中の軽罪にして、叱り、急度叱《きっとしか》りの別あり、呵責の宣言を受けて、放免す。奉行白洲に於て、これを申し渡し、与力吟味席にて、請書《うけしょ》を受る、差添人これに連印す。

第二　押　込

押込は二十日以上一百日以下、門戸を閉し幽屏するなり、百ケ条定書に曰く、

前々の例に従う

一　押込　　他出仕らず、戸を建寄置

申渡し及、請書差出し等、呵責に変ることなし、日数満れば、掛奉行呼び出し、左の宣告をなす。

肩書

何　　誰

其方儀、日数相立ニ付、押込差免す

第三　敲

敲は庶人、男子の刑にして、士、僧侶、婦女子には行わず、百ケ条定着に曰く、

享保五年極

一敲

牢屋門前にて、科人《とがにん》の肩、背尻へかけ、背骨を除き、絶入仕らざる様、検使役人差遣す、牢屋同心に敲すため申べく候事、但し町人に候わば、その家主、名主、在方は名主、組頭、呼寄、敲候を見る為に候て、引渡遣し、無宿の者は、牢屋門前にて払遣す（後年は佃島人足寄《にんそくよせ》場《ば》、或は佐渡にやる事になった）

敲には軽重あり、只単に敲と申し渡し、笞《むち》五十を加う、重は重　敲《じゅうたたき》と申渡す、笞一百を加う。犯人未決中は、牢舎す。然れども、事故ありて牢舎せざる者は、落着《らくちゃく》即ち宣言受るに当り、先ず「入牢申付る」と宣告し（俗に鞘クグリと言う）而してのち本刑を宣告するを例とす。

（一応、牢屋敷内の牢格子前まで連行するという事であろう。誠に形式的な事である）

出　役

落着の前日、奉行所にて検使与力を定め、立会の儀を御目付へ通し、その当日となれば、奉行所白洲に於て奉行宣告す、検使与力は（南町奉行所なれば、南組与力一人、北組同断）継　裃《つぎかみしも》を着し、

奉行陪席として、裁判席その次の間斜に着座し、宣告すめば、検使出役《けんしでやく》は「検使出役」と唱え、一礼をなす。奉行は例の如く「勤められよ」と会釈す、その命を受け、検使は直に、牢屋敷へ出役す。囚人は、警固の同心及牢屋同心諸共、非人縄取り牢に送らる。

牢屋取扱

検使は、牢屋表門より入り、玄関より昇り囚獄預り（石出帯刀《いしでたてわき》）及び牢屋見廻《ろうやみまわり》（与力）の詰所に至り控居る。その内に徒目付、小人目付出役す、当番年寄同心は出牢証文と唱る、奉行調印の証書を持参し、牢屋見廻と、牢屋預に示し、是より敲の用意に掛る。

出牢証文

出牢証文書式（用紙は美濃紙《みのがみ》）
何の何月何日入
壱人、何誰、何歳、是は何無宿（入墨は名前の肩に入墨）と記す。
前文―右之者儀、怪敷由にて此方組廻り同心（又は他より云々）召捕り来る時に付、一通り尋之上、吟味中入牢
後文―右之者儀（罪科を記す）不届に付敲これを申付る、依て検使へ相渡べきもの也。
何年何月幾日

（奉行）官名印
（同）官名

囚獄へ

因《ちなみ》に記す右証文前文は、犯人入牢申付られたる時の文言《もんごん》にして、これを入牢証文《にゅうろうしょうもん》といい、処刑の場合に至り、出牢する時は、これに後文を書加るなり、因《よっ》てこれを出牢証文というなり。此印は掛り奉行のみ調印し、後に一方の奉行調査を求め置、後日囚人の、食料賄を調査の証にもなる也

刑場

小伝馬町《こでんまちょう》牢屋敷、表門前へ莚《むしろ》三枚敷き、門扉を開き、笞杖《ちじょう》は門の右板塀に立掛け、前に小桶を置、受刑人及び引受人等を並列させ、用意よろしき旨、牢屋鍵役《かぎやく》より役々へ案内す。出役人、囚獄預り、石出帯刀（継裃帯刀）牢屋見廻与力（羽織、白衣、帯刀）検使与力（継裃、帯刀）徒目付（出役先より来る時は白衣、羽織、帯刀なれど他域より来る時は継裃）小人目付（白衣羽織、帯刀、他域より来る時は羽織袴也）

右諸役人次々と玄関をおり、表門地覆内に正列して立つ、牢屋見廻下役同心、二人付添、地覆外右方に、牢屋同心、鍵役四人（羽織、袴、帯刀）左方に牢屋同心、打役《うちやく》四人（白衣、羽織、帯刀）次に当番の本道医師一人（白衣、羽織、帯刀）次に下男《したおとこ》部屋頭（一同法被にて）居並ぶ。

非人小屋の暮らし

囚人は腰縄にて、縄取非人二人付添い、詰番の非人小屋頭白衣にて手伝う。往来を背後に、門前筵敷の方に向い坐し、縄取下男縄を取りて蹲踞いる。

又囚人の後背、即ち往来下水際に牢屋付、辻番人二人、白衣にて棒を突き立番す。囚人の宿及び、居町名主、家主又は組頭等は、その傍に往来を背にして見せしむ。

斯く用意万端整えば、当番鍵役は出牢証文と罪人とを一々読合せ、銘々の名前、肩書、生年月、入牢日等まで改め、又掛奉行の名及び、今日奉行所にて申渡されたる、敲の軽重を問い、囚人銘々これに答え、聊《いささ》か相違なきを確め、検使に会釈し、一人ずつ呼出す。下男は声に応じて、刑人を裸となし、その衣類を筵の上に敷き、その上に腹葡させ、門前に横たえ、下男四人、手と足へ乗掛り押え、打役四人の内、末席の者出て笞杖を右手に取り、受刑人の前に進み寄り、身構えしてこれを打つなり（笞杖は箒尻《ほうきじり》という。箒尻は長サ一尺九寸、周三寸程、竹片二本を麻苧にて包み、その上を紙捻《こより》にて巻きたる物とす）

打役は、一打毎に、一ツ二ツと数をよぶ、打役頭等は、少し進みて、その数をとる。もっとも検使は勿論、立会人、少しもその数の誤りなき様注意す。（俗説に賄賂を数取《かずとり》に贈れば、数を減ずるなど言う者あれども、役々立会厳格なれば、決してなし能わざるなり）

重敲は五十打て中止して、医師が気付薬を刑人に呑せ、下男の部屋頭、手桶の水を椀に汲みて、呑せて一息つかせ、打役は交替して、残りを打つ。その打方はすべて背骨をよけ、肩より尻にかけて打つ、打終れば、直に衣服を着せ、その場を立たしめ、他の刑人に移す、一日に数十人を打つことあり。

因に曰く、天保の頃、多人数を刑せしに、軽敲を過り五十打の後に一、二打を加えて、検使心づきて、慌ててやめし事ありしが、そのままにもならず、立会役々進退伺をなし、咎《とがめ》をこうむりしことあり。故に数取の打役は、数にあやまちあらんとする時は、打つ者を突のけ、その身を以て笞にあたらんとする、勢込んで数をとると云えり。

刑人症身、又は老人にして、尋常の打撃を与えば、或は別条あらんと察する時は、打役の心得にて、軽く打つことあるも、決してその数は増減をなすこと出来ず。

放　免

処刑すみし者の放免に就ては其者により種々の取扱ありて、直に宿元、並町役人、村役人等へ引渡す者と、入墨の上敲に処せられたる者は、乾涸《かんこ》の間一夜牢内に留置する者と、無宿者《むしゆくもの》の寄場《よせば》（佃島）送りの者は、警固の同心に引渡す。浅草及び品川両溜《ため》へ預けられる者は、その非人直様本縄にかけ、引行く者と、佐渡へ送るものは、牢舎するとの別あり。

敲 の 沿 革

本刑は有徳公（八代将軍吉宗《よしむね》）の時、耳切り、鼻そぎの刑を不可なりとし、これに代るべき仕方（刑罰）を、三奉行に命じて評議せしめ、敲の刑を創めた。是に於て享保《きようほう》五年四月十二日閣老戸田山城守差図により、当時の先手頭火附盗賊改《さきてがしらひつけとうぞくあらため》（加役《かやく》）山川安左衛門掛にて、数寄屋町平兵衛店勘右衛門という者の三笠付の科により、初めて牢屋敷表門前に於て、五十敲、追放に処し、耳切り、鼻そぎに代えたりという。

其後延享《えんきょう》四年三月十一日町奉行馬場讃岐守の時、本刑あり。その後中絶、寛延《かんえん》二年十一月二十六日、町奉行能勢肥後守の時、前々の通り、敲御仕置始候旨にて、寛延二年十二月四日に、本刑四人を処し、以後引つづき行わる。

敲の節、目付立会は、享保五年に始り、延享二年これを止め、寛政《かんせい》六年以後旧に復す。

用具

敲御仕置入用品

一、箒尻二本、むしろ三枚、手桶一ツ、椀一ツ。

箒尻は一本に付、代銀九匁。

人足の人数。

刑人一人に付、人足出方。

一牢屋下男四人、部屋頭一人、縄取下男二人。

横目非人（目付の類なり）小屋頭一人、非人四人。

敲の図

牢庭敲

入牢中の囚人が破牢もしくは不穏の企をなし、露見した時は、牢庭内にて、囚人見せしめの為、特に敲刑を科す、これを牢庭敲《ろうにわたたき》という。もし右様犯罪あれば、月番奉行は牢内取締上、牢屋諸役人まで吟味し且つ関係囚人は、一手に吟味するものなり。

刑場

その申渡体裁、検使その外のさまはすべて前と異事なし。刑場は牢庭埋門《うずみもん》内にて、もっとも在囚の多き所にて行う。矢張り軽重あり、五十と百なり、然れどもその打方強く、十打つ毎に打役交替す。

因に曰く、総体に大声を揚げて泣き叫ぶ徒は、打役は自然と軽く打つという。これ反して、黙し堪える者程、強打する気味あり。故に囚人等は常に言う、打たれる時は大声を発して泣くにしかずと。

牢庭敲起源

牢庭敲は、享保二年、町奉行小田切土佐守の掛り、遠島を申渡され、その出帆《しゆっぱん》まで揚屋入《あがりやいり》の者、即ち浜御殿奉行支配、元書物役小泉伊八外二人、相牢者差入物、拝衣類取替、又は貰受け等の事にて犯罪あり、すなわち町奉行根岸肥前守これを聴断《ちょうだん》し、一人を重敲、二人を軽敲にしたことあり、これを其起源とす。
囚獄手限りの懲戒敲等あれども、これは刑にあらざるを以て、囚獄の部に説くを見るべし。

第四　追　放

総　論

追放は、その罪の軽重により、罪人の居所、町、村、住国、犯罪地、三都及び公領の土地を追い放つを言う。本刑を分ちて、所払《ところばらい》、江戸払《えどばらい》（江戸に限る、その他の地方は一一二ページ表参照）江戸十里四方追放（同上）軽追放、中追放、重追放の六等となすこと。

今、六等の処刑、執行はすなわち左の如し。

其一　所　払

予審、所払の刑に処せらるべき者は、吟味中（即ち予番中）は手鎖宿預《てじようやどあずけ》（手鎖のまま住宅に預ける）或は親戚又は属籍役人預等になす（士は手鎖なし）これ牢舎せしむる程の重科ならざるによる（手鎖の形状及び掛方封印等の事は皆、属刑の巻に出す）百ケ条定書に曰く、前々の例に従う

一、所払、在方は居村、江戸は居町払

延享元年の極に、但し欠所《けつしよ》これなく、然共利欲に拘り候類は、田、畑、家屋敷欠所、年貢未進等これあり候わば家財共欠所。

右律文の如く、村落の犯人なれば、其居村を払い、江戸以下、各市街地なれば、其居町を払う。ただ京都は洛中を払えり、而して本刑、属罪は、もし所犯一身の利欲に出たる時は、其不動産、即ち田、畑、家屋敷を没収欠所し、年貢米未納ある時は、其動産即ち家具まで没収欠所となすなり。

宣　告

宣告は、奉行が白洲に於て申渡す。掛吟味与力侍坐す、宣告すめば、本人を与力吟味席に呼出して、請書を調製し、与力面前（目付立会の節は、徒目付、小人目付立会）にて下役同心これを読み聞かせて、拇印をさせ、差添人に引渡す。

払　方

斯て差添人は、本人を同道し、その住居を立退しむ、もっとも立退先は何地たりとも届出るに及ばず、差添に任せ置く。

犯人手鎖者なる時は、吟味方与力は、当番与力に通し、当番所前にて与力立会にて年寄同心が手鎖をはずして差添人に引渡す。

其二　江　戸　払

江戸払とは、品川、板橋、千住、本所、深川、四谷、大木戸以内を払う者なり。

京都は、洛の内外、大坂は三街、奈良は居村を構え、奈良町。長崎は、長崎市中を払う。
属罪は、前所払と同じ、(以下各奉行支配地、これを略す)百ケ条定書に曰く、
延享元年極(決定)
一、江戸払場所
品川、板橋、千住、本所、深川、四ッ谷大木戸より内御構《おかまい》
但し(欠所文前同断、これを略す)
此刑に該る者、予審中に牢舎なれども、もし事故あり手鎖預の時は、これを外すこと所払と同じ。

宣　告

宣告受し時、白洲蹲踞の同心は、犯人庶人なれば、羽織を脱し、鍵縄をもって後手に縛り、士なれば椽側より砂利へ引卸し、肩衣の前をはね、鍵縄を輪にかける。
宣告すめば、吟味方与力は、御構状なる書付を読み聞かし、追放の場所を示す。
御構状書式は、西の内二切である。

肩　書
何　々　誰

何　追　放

品川、板橋、千住、本所、深川、四ツ谷大木戸より内御構

右の場所、徘徊すべからざるもの也
御構状を読み聞け終り、本人へ投与えれば、蹲踞同心これを拾い取て、本人の懐中に差入る。
　月　日
　払　方（執行）
斯て年寄同心、若同心付添にて、最寄の御曲輪《おくるわ》外へ護送し、士なればその場にて大小を渡し、追放するなり（目付立会なれば、士分は出役与力、同心と徒目付、小人目付立会）庶人は年寄同心と小人目付立会なり。

其三　江戸十里四方追放

江戸十里四方追放とは、日本橋より四方五里外に放ち、村落の者は、その居村をも加えなり。京都は、山城国中。大坂は摂河両国、奈良は大和全国、長崎は長崎市中と郷中とを払う、属罪は、江戸払と同じ。
前々の例に従う
百ケ条定書に曰く、
一、江戸十里四方追放、日本橋より四方へ五里ずつ
　延享元年極
但し在方の者は、居村共に構

追放者廓外門前払の図
①出役同心　②侍追放腰縄を脱す　③平民
④小使帯剣雑物を携う　⑤非人棒突

（欠所は前文に同じ）

右宣告及び、追放の仕方等、少しも江戸払に変る事なし。

其四　軽追放

軽追放は、士は江戸十里四方、京、大坂、東海道駅路、日光山内及び日光道中及び犯罪国、住国を追い放つ。庶人は軽、中、重三追放共に江戸十里四方追放に準じ、これに犯罪地と住居の国とを加う。その属刑は、士、庶人共に不動産を没収し、若し年貢未納者なれば、動産まで没収す。

百ケ条定書に曰く、

前々の例に従う

一、軽追放《けいついほう》
　御構場所《おかまいばしょ》（寛保二年極）
　　江戸十里四方、京、大坂、東海道筋、日光、日光道中
　但し、田、畑、家屋敷、欠所《けつしょ》、家財構なく、年貢未進などあれば、家財欠所
前々の例に従う
延享二年極
一、町人、百姓、重、中、軽、追放
延享元年極追加
一、江戸十里四方、住居の国、悪事をなせし国共これを構う
本刑執行の手続きは、江戸払いと同じ。

其五　中　追　放

中追放《ちゅうついほう》は、士は武蔵、山城、摂津、和泉、大和、肥前、東海道駅路、木曽路、下野、日光道中、甲斐、駿河、及び犯罪国、住国を追い放つ、庶人は前条にこれを設けり。
　百ケ条定書に曰く
　　前々に従いの例
一、中追放御構場所（寛保二年極）

武蔵、山城、摂津、和泉、大和、肥前、東海道筋、木曽路筋、下野《しもつけ》、日光道中、甲斐、駿河但し畑、家屋敷欠所、家財構なし、年貢未進は前と同じ。

婦女追放

寛保三年の極に、女は御関所内、相模国あるを以て中追放に止め、重追放《じゅうついほう》には中渡間敷とありしが、宝暦《ほうれき》三年追加により、町人百姓の女は、重追放にも処することとなりぬ。本刑執行の手続きは、前条江戸払と同じ。

其六　重　追　放

重追放は、士は関八州、山城、摂津、和泉、大和、肥前、東海道駅路、木曽路、甲斐、駿河及び犯罪国、住国を追い放ち、動産、不動産ともに没収するという。庶人は前に説く。京都町奉行支配は、更に河内、丹波、近江三国を加う。

百ケ条定書に曰く

前々の例に従う

一、重追放御構場所（寛保二年極）

武蔵、相模、上野《こうづけ》、下野、安房《あわ》、上総《かずさ》、下総《しもうさ》、常陸、山城、大和、摂津、和泉、肥前、東海道筋、木曽路筋、甲斐、駿河

但し田畑、家屋敷、家財共欠所、年貢未進前と同じ。

享保二年極追加

右重、中、軽追放共に、何方にて住居の国を書加え相構、住居の国を離れ他国に於て悪事仕出し候者は、住居の国、悪事仕出し候国とも二ケ国を書加え、御構場所書付相渡候事。

前々の例に従う

右追放もの、御郭内にて放遣す、侍は其場所にて帯刀渡遣侯事。

寛保二年極追加

一、京都に重追放申し付けられ候者は、右の御構場所の外に河内、近江、丹波の三ケ国を加え相構、中追放は別儀これなく。

本刑執行の扱い方、また江戸払と同じ。

第五　遠島

遠島《おんとう》は、江戸よりする者は、伊豆七島の内、京都、大坂及び西国、中国よりする者は、壱岐《いき》、隠岐《おき》、天草及び薩摩五島の内に流す、士庶《ししょ》の別なし、動財不動財共に没収す。

百ケ条定書に曰く

前々の例に従う

一、遠島、江戸より流罪《るざい》の者は、大島、八丈島、三宅島《みやけじま》、新島《にいじま》、神津島《こうづじま》、御蔵島《みくらじま》、利島、右七島の内へ遣す、京、大坂、西国、中国より流罪の分は、薩摩五島の島々、隠岐国、壱岐国、天草島へ遣す。
但し田、畑、家屋敷、家財共欠所

宣告

本刑宣告の手続、すべて前追放と同じく、出帆までは牢舎せしむ。

世話番

すべて遠島出帆の世話は、南、北町奉行世話番の担任にして、たとえば寺社奉行、勘定奉行又は他の奉行所より断決し来れる者を、一手に集め、日を定めて、御船手《ふなて》へ渡し、出帆せしむ、これを世話番という。

出帆

御船手番所は、霊岸島《れいがんじま》にあり、これ公儀の船舶を掌る者にして、流罪人は、代官江川太郎左衛門ところの船手頭《ふなてがしら》の掛を以て、島々へ送るなり。

第六　死刑

総説

本刑は、六種の別あり、即ち第一下手人《げしにん》、第二死罪、二種とも刎首《ふんしゅ》する者。第三火罪、焚殺《ふんさつ》する者、第四獄門《ごくもん》、刎首して其首を梟《きょう》する者。第五磔《はりつけ》、槍殺する者、第六鋸挽《のこぎりびき》、竹の鋸を置き、通行人に鋸挽せしめて後に磔殺《たくさつ》する者これなり。

其一　下手人

下手人とは、盗奪の目的に出ずして、人を殺したる者をいう。刑の執行手続等は、死罪に異なる事なし、但し其死骸は、ためし物等に供せず、埋葬《まいそう》する事を得る。

百ケ条定書に曰く

前々の例に従う

一、下手人首を刎、死骸取捨《しゅしゃ》（後改めて片付）

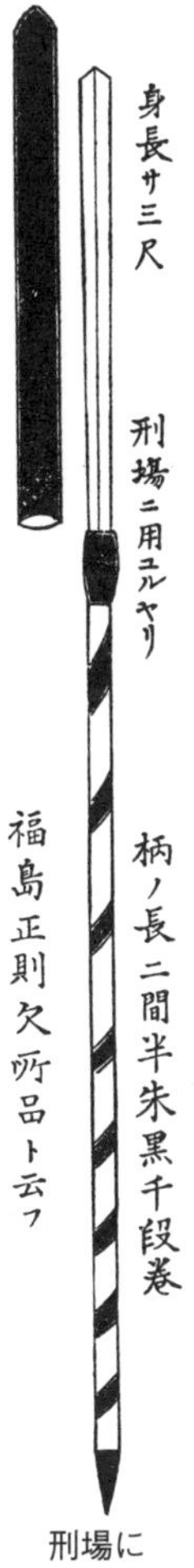

刑場に用いる槍

其二　死　罪

本刑に処せらるる者は、或る時は、あらかじめ掛奉行は下役それぞれへ達し、其用意準備をなさしむ。然れ共この時いまだ犯人の誰たるを公にせず、只来る幾日何罪何人ありと、告知するのみ。

検　使

斯て其前日に至れば、検使与力（継裃）は奉行所に出て、奉行の内坐に於て明日何罪御仕置ものある間、検使相勤べしとの命令をうけて出役の用意をなす、もし犯人引廻の属刑ある時は、南北与力検使、副使二名の出役となる。

刑　日

死罪当日となれば、検使与力は朝五ツ（八時）牢屋敷へ出張す、その模様等は敲出役と異ることなし。

当番年寄同心は、本日奉行より渡されたる出牢証文を持参し、牢屋見廻の与力と、牢屋預（石出帯刀）に渡す、牢屋預は、これを受取り、当番鍵役に渡し、此時初めて死刑者の誰なるを知る。因に曰く、表面は本文の如くなれども、ここに一の秘密ありて、受刑者は、とくに之を承知す、されば此日呼出さるるも、更にその突然を驚かず、静かに用意し、最後を待つぞ、不思議なり。

出　獄　の　体

囚人を出獄せしむる体裁は左の如し。

当番鍵役は、切縄《きりなわ》と唱える藁縄《わらなわ》を牢番へ渡し、牢番は、これを受刑者在獄の外鞘《そとざや》にかけ、先ず本牢内に死刑者あることを暗示す。

かくて当番鍵役同心は、牢屋見廻下役（町同心）及び打役同心一同にて、外鞘に至り、牢番同心及び下男（呼出し囚人の数に応じて入る）内鞘《うちざや》に入らしめ、鍵役は出牢証文を以て「何誰は居るか」と問う、囚人名主代は哀れなる微声《びせい》にて「ヘーイ居ります」と答う。

鍵役は「御用に付其者を出せ」と命ず、名主代は相囚に向い、キメ板を検し「何の誰御用だ」という。これ公然たる呼出の初めて本人に達したると知るべし。本人の答を聞きて、名主代は鍵役に向い「此牢内には同国、同名、同年の者は、他に居りませぬ」といいつつ、キメ板を本人に投つける、これを合図に役囚人が三人立寄りて、本人を擁して一段羽目板に圧付、二人は左右、一人は臀《しり》を押し、足踏みならして、戸前口に押し出す。（これを押出しという）

牢番及下男は、被刑者を受取り切縄をかける。鍵役は再び被刑者の名生年月入牢日、入墨の有無を訊く。（この際下男は、受刑者の腕をまくり入墨の有無を示す）

「御掛りの誰殿が今日御用あり」と遂次問答し果てに鞘外へ引出し、打役はこれを受取り、鍵役以下付添い、改番所に至るなり。

他に死罪の者なき時は、鍵役は他の諸牢に「御沙汰はない」といい示すなり、この時、牢内にて「アア」と大声を揚ぐ、その音声は耳を聾するばかりであるが、牢外の者といえども、今日死刑者あること知るを得べし。

牢庭の宣告

牢庭《ろうてい》改《あらため》番所《ばんしょ》は、瓦葺、平家建の小舎なり、ここに役々一同並列し検使は縁側に腰掛控える。囚人を検使面前に引据、鍵役吏に出牢証文にて、本人名前肩書、年齢、入牢日、掛奉行の名まで、一々引合せ、本人に相違なき答を聞き、検使に渡す。

検使はその時懐中せし科書《とがしょ》、即ち宣告文（七寸半切《はんせつ》紙）を取り出し、本人の名前を呼び、申渡の趣承るべしとて、高声に朗読す。

死罪云々の所に至れば一層に声を張上る、（この時、受刑人オアリガトウと言う、是れ囚人一般の風俗なり、何事にもヘイと答うべき場に、この語を用いたり）

右終れば、控居る縄取非人大勢にて取囲み、打役付添にて牢前を通り刑場に至る、これを切場《きりば》という。検使その外役々は、埋門《うずみもん》より出て、直に刑場に臨む。（目付立会ものは、徒目付、小人目付出役あり）

刑人牢屋前を通行する時、各牢内名主代り、戸前口に立ち、名残と称して、哀別の語を言う、一種の習慣なり。

切場

切場の入口にて囚人の目隠しをし（半紙二ツ折、細きわら縄にて巻き頭の後にて結ぶ）打役四人（白衣羽織で脱剣）先行し、囚人は非人三人（白衣）縄のままに引かれ出る。鍵役（羽織袴、脇差）

囚人の名を問い、答を得て直ちに切場に、莚の上に着坐させ、手伝人足、所持の小刀にて、切縄の背結目より、襟の方へ上り、咽縄を切捨て、着服を引下げ、両肩をはだ脱ぎにし、手をそえ、首を前にのび出させる、首討役（町奉行組同心、江戸の場合には、同心代役の山田《やまだ》朝右衛門《あさえもん》であろう）が、これを討つ。

首切場

右の切場は、地面を凹め、上に莚を敷く、この内へ首を切りて、死骸は手伝人足が両足を引き、血を凹内に落すなり。

斬　役

首討役は、町奉行同心の内、当番若同心なり（羽織白衣帯刀）討終れば、添役が手桶の水を刀に注ぎ、血を洗い、紙にて拭い（紙は半紙ニツ折を手桶に掛けてある）鞘におさめる。

因に曰く、首討役同心と相対にて御ためし御用を勤るのは麹町平河町の浪人山田朝右衛門がこれをすることあるは、検使その外役々も黙許せしなり。

首討役へは、刀研代《とぎだい》として金二分、欠所金《けっしょきん》

の内（欠所金とは、欠所公売せし金子）、奉行所に保管せしものにて、奉行よりこれを給す、もし朝右衛門に討たしむる時は、同人より金若干の礼をかえって受けるなり、そのわけは、朝右衛門は御ためし御用を勤めるゆえに、所々より頼まれたる新刀を以て、首を討ち、刀劔の試に供するが故なり。世俗これを知らず、首斬朝右衛門とまで、綽名《あだな》すれ共、実際を知らざる者の談なり。

死　骸

死骸は、葬ることを得ず、勿論取捨べき者なれば、牢屋見廻は鍵役に、「死骸は例の通り」と差図し、鍵役は、打役に差図し、非人に命じ、俵に入れ、これを舁《かつが》せ、本所回向院、千住の墓へ埋るなり。

討　損　じ

被刑人、頸を縮めなどする時は、刀が頭骨か顋骨などに支えられ首落ちず、刑人苦痛に堪えず、背反ることあり、手伝人足も甚だ困難す、斯る場合には、被刑人の両足を引、打伏せて首を挽き切る。

編者（佐久間長敬）も若年の頃には度々検使出役せしことありしが、或る時に、討役不練にて、打損じたるを見たり、故に町同心は、常に此事を、手練し置くなり。後藤某という同心あり、討首の妙手にて、強雨の節などは片手に傘を携えて、身直立のまま小刀一下、頭前に飛ぶ。更に衣服も刀も雨に濡れず、三、四人の刑人、瞬間にして、断じおえぬ、凡そ斬首は、刀を真向に振上げ、全力を以て下す、雨天の時などは、往々雨に濡る、この後藤が如きは、稀なる達人というべし。

（この雨中の片手斬りは山田朝右衛門の所業として逸話になっているが、編者の佐久間翁は、直参故の誇をもって浪人者の首斬朝右衛門を否定している処が、直参気質とでも言うのであろうか）

死刑一人に付、非人出方

一、縄取二人、切売取捨の人足三人

右公役にて、弾左衛門方より差出申候

其三　獄門

重きは引廻しの属刑あり、しかして後、牢内切場に於て斬首し、浅草か品川、両所の内にて梟《きよう》す、検使与力等は、前に同じ。

本刑斬首までの手続き、前死罪と異ることなし。その首は、非人が水にて洗い、明俵に入れ、青竹を貫き、獄門検使に渡す。

途中

獄門検使は年寄同心、南北より一人ずつ、二人出役《でやく》、非人に首を荷せ晒場所に至り懸るなり。（御目付立会裁判のものなれば、与力・同心と徒目付、小人目付出役す）

刑場

晒場所は、浅草小塚原《こづかはら》か品川鈴《すず》ケ森《がもり》にして、定めたる右晒場に持行、途中は先に非人二人、六

獄門者刑場に（晒場）送る図
①検使の同心　②非人横目　③刑人の首　④抜身の槍

尺棒を持ち、次に捨札《すてふだ》を立て、非人これを持ち（捨札は、罪状、所刑を略記せしもの）て行く、次に抜身の朱鎗（槍）二本、矢の者（矢の者とは弾左衛門の住居浅草谷の村なれば略称して谷の者と言う、又弾左衛門の合印に矢を用いたるを以て矢とも言う、谷、矢は国音《こくおん》通じたるが故なり）二人、白衣帯刀にて担い（幕政中、槍持は一般に帯刀の制なり。故に道具持夫も帯刀す）次に刑首を非人二人にて荷う。次に捕物道具二本、矢の者がかつぎ、手代り一人ずつ、宰領横目（非人小屋頭）白衣羽織にて、二人付添う。次に検使、次に警固下役同心二人、但し引廻付の獄門なれば、幟《のぼり》を立つ（幟のことは引廻の所にていう）鎗と捕物道具は、両町奉行所の常備品なり。

晒　場

晒場《さらしば》には、法の如く獄門台《ごくもんだい》を建て、その脇に非人番小屋、道具掛等を造る。これは奉行より、穢多《えた》頭弾左衛門に命ず。

首を台にのせ終れば、検使これを見届けて退散す、跡は非人共、昼夜番人して、三日間晒し置く。

昔時は、獄門台に、二個三個の首を並べ置きたることもありしが、文化三年四月二十五日、町奉行掛にて、浅草に於ては、獄門の時、一首一台となれり、文化六年十月二十七日の獄門も亦同様たりしより自然定例となりたり。

晒中は三日、二夜、上番人六人（矢の者）下番人六人（非人）但し三日目に、弾左衛門より掛り奉行へ伺の上、差図を受けて取捨る。

晒中に近辺へ、将軍家御成《おなり》その外事故あれば、三日を待たず、町奉行より取捨を申付ける。

捨札《すてふだ》は、三十日間、同所に立置く。しかれども前の場合には、一旦これを除き、再び残る日数建置くなり。

朱鎗と捕物道具は、三日目に矢の者が持参して、両町奉行所へ返納す。

入用品

獄門の入用品に就て、

獄門台

一、捨札《すてふだ》、幟、小屋、道具の儀は、享保戊年（戊年は三年と十五年なるもいずれか不明）までは材木町、その外町々より相納め来りし処、価値低廉《ていれん》ならざるに付、同年六月半減の価額にて、弾左衛門へ申付たり、もっとも捨札は、四日市小屋頭新四郎へ弾左衛門方より申遣わせり。

但し右品残らず、牢屋入用の内へ込め書出す。

一、獄門釘《くぎ》、鎹《かすがい》など、先年は町役にて、神田鍛冶町より、差出し来りし処、後年は本材木町三丁目、手鎖鍛冶屋栄吉方より相納めたり、これ又、牢屋入用に組込したり。

幟捨札

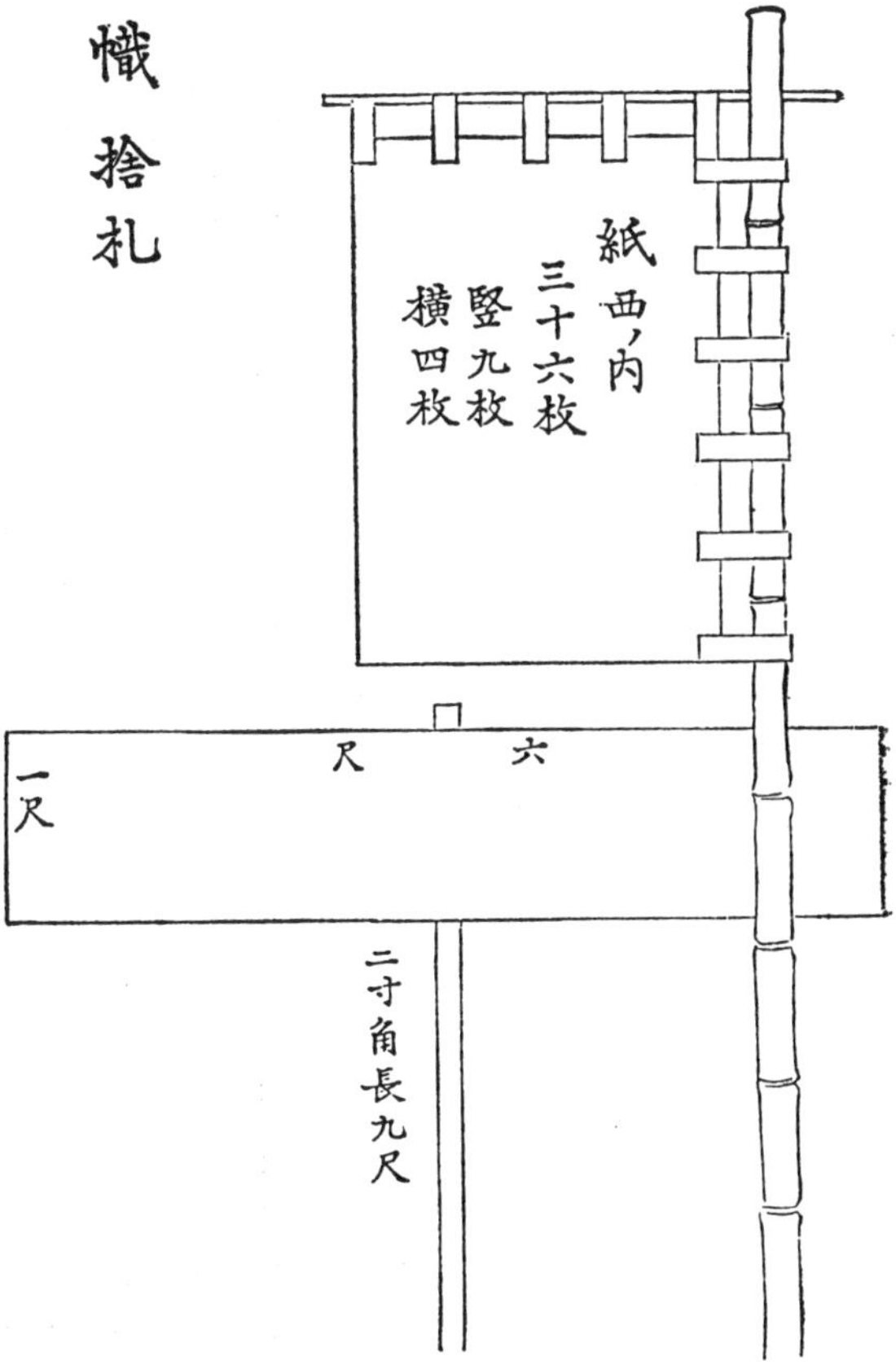
紙
西ノ内
三十六枚
竪九枚
横四枚
六尺
一尺
二寸角長九尺

幟　捨札

一人分入用

一、縦六尺札、一枚　代銀七匁五分五厘

但し打釘、杭共

一、獄門釘　二本　代銀壱匁四分三厘

一、同大　十挺　同　八匁四分五厘

一、番小屋　一ヶ処　同　四拾三匁二分五厘

一、箒薪　七十把　同　拾九匁六分

但し二夜分

〆銀八拾匁二分五厘

此金壱両壱分と五匁二分五厘

但し、引廻の上、獄門は、幟一本代銀六匁八分相増、通計金壱両壱分二朱と四匁五分五厘。

右の外、獄門首台木は、公役にて矢大工拵《こしら》えるなり。

但し、前日牢屋敷へ呼出申付けたり。

遠島獄門入用

一、首桶　一ツ付　代銀七匁五分

是は、先年町年寄へ申付しが、後年は牢屋敷より、小伝馬町一丁目桶屋幸右衛門へ申付たり。

○　引廻の上獄門一人に付、人数出方

一、道具持、矢の者十人、矢の者小頭二人、弾左衛門手代一人、先払非人十八人、横目非人小屋頭二人、手伝二人、人足二人、同横目非人小屋頭二人。切売取片付、非人人足三人、同横目非人小屋頭一人、場処小屋掛、非人人足十五人、下働非人人足十二人、重役小屋頭二人。

一、三日二夜の番人

初日上番人、矢の者六人、非人六人

夜の上番、矢の者六人、非人六人

二日目同断

夜　同断

三日目上番人、矢の者八人、下番人非人六人

右の者を弾左衛門より差出す。

其四　火　罪

火罪《かざい》は、放火犯人に限りて、これを行う。必ず引廻しの属刑ありて後、浅草か品川に於て行う。(浅草は小塚原、品川は鈴ケ森)

百ケ条定書に曰く、

前々の例に従う

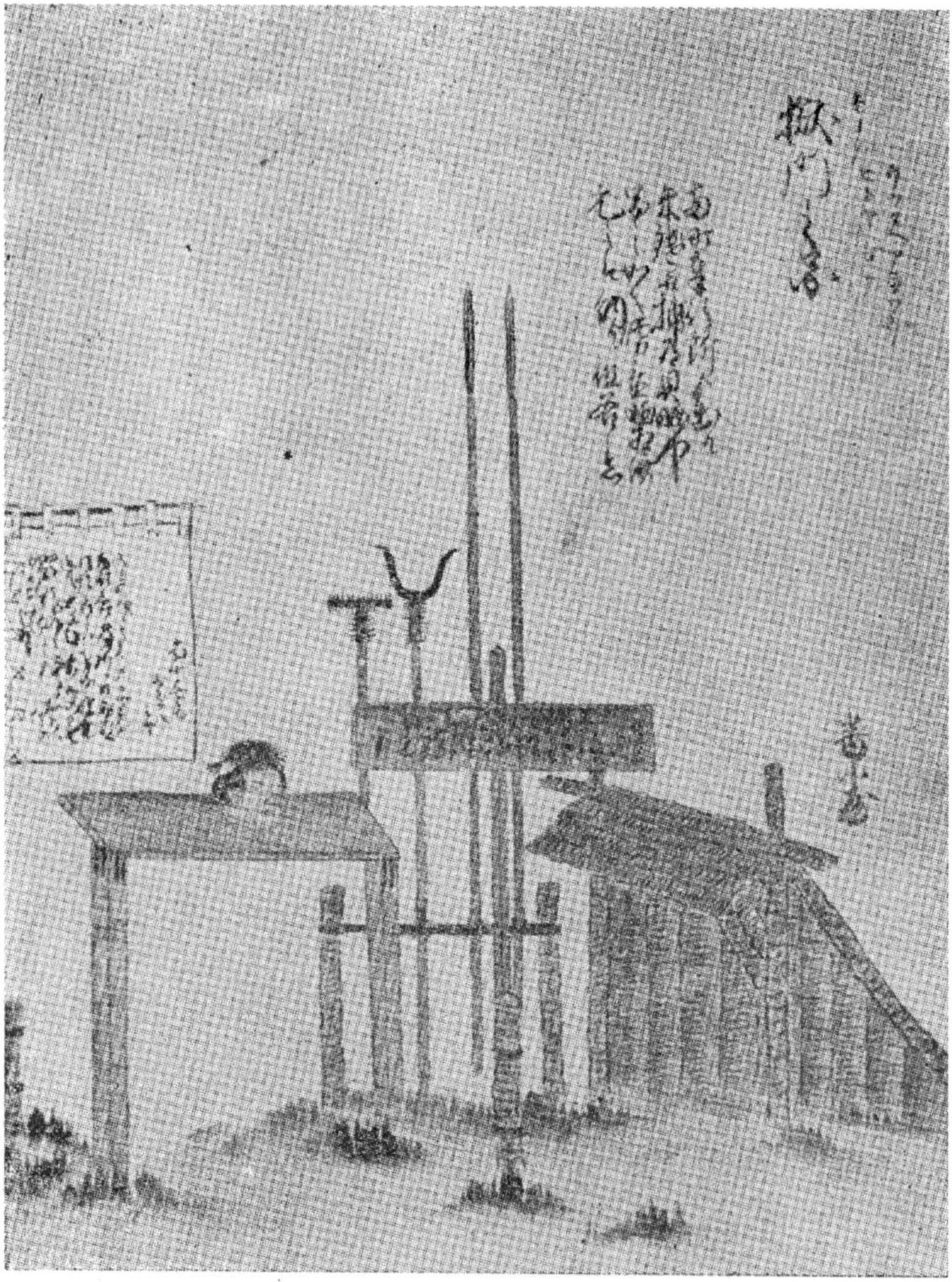

獄門の刑

一、火罪

引廻の上、浅草、品川に於て火罪申付、在方は、放火候処へ差遣候儀もこれあり、もっとも科《とが》書《しよ》の捨札建、三日の内、非人番人付置候。

但し、物取にこれなき分は、捨札におよばす、田、畑、家屋敷、家財とも欠所。

右、申渡手続等は死罪と同じ。

属　刑

引廻に五ケ所廻と、江戸中引廻の別あり、五ケ処引廻の者は、捨札を日本橋、両国、筋違橋《すじかいばし》、田谷御門、赤坂御門と御仕置場と都合六ヶ所に建て、その外はただ御仕置場にのみ建るを例とす。引廻の属刑ある者は、引廻の順路、直に刑場に引至る。属刑なき者は、牢屋裏門より引出し、乗馬（裸馬）、もし病身にて乗馬に堪えざる輩は畚《もつこ》にて、になう。

出　役

右の出役行列の体は、真先に非人二人、六尺棒を持ち、次に捨札（非人一人白衣にて）次に抜身朱鎗二本（矢の者白衣帯刀《たいとう》にて持）次に四人馬上（又は畚）馬口取非人一人、介添二人、次に捕物道具（矢の者これを持）次に南、北組与力、検使正副二人、騎馬（陣笠、野羽織《のばおり》、袴、帯剣《たいけん》）次に鎗持、挾箱《はさみばこ》（法被《はつぴ》着）左右に侍二人（野羽織、股引《ももひき》、帯剣）口取二人を従う、挾箱は御用箱及び床几雨具を入るに供す。

同心四人（但し囚人毎に二人を加う、丸羽織、股引、脚袢《きやはん》）弾左衛門及び手代（野羽織、股引、帯剣）弾左衛門組下、棒突六人、非人頭車善七及び手代二人、囚人取扱下働、非人六人（いずれも白衣、脚半、尻端折《しりはしより》）従う。この体すべて引廻しに同じ（目付立会の節は、徒目付、小人目付、出会場所へ先行す）。

（江戸《えど》引廻《ひきまわし》とは、江戸幕府時代の刑名で、その罪死に当る者の属刑である。即ち、火罪、磔罪《たくざい》、鋸挽、獄門等の極刑に付属するもので、これに五ケ所引廻しと江戸中引廻しとの別があって、五ケ所引廻しの者は捨札を、日本橋、両国、筋違橋、四谷門、赤坂門、と仕置場との六ケ所に建て、江戸中引廻しは、単に仕置場に建てるのを例とした。左に寛政度におけるその引廻しの道筋をあげると、まず牢屋敷より小伝馬町、小船町、荒和布橋《あらめ》、江戸橋を渡り、元四日市町、本材木町、一丁目海賊橋を渡り、坂本町、河岸通、八丁堀、北紺屋町、岡崎町、松屋橋を渡り、因幡町通、南伝馬町、京橋を渡り、芝車町まで、それより引返し、同所通新町、同所三田赤羽橋を渡り、森本町、飯倉町、溜池端通、赤坂田町、四谷御門外、市ケ谷御門外、御堀端通左へ、牛込御箪笥町、同所通寺町、それより、牛込御門外、小石川御門外、御堀通、水戸殿屋敷脇より右に壱岐坂を上り、本郷御弓町、同所春木町、湯島切通町、上野山下より、下谷広徳寺前通、浅草寺雷門前、浅草今戸町それより引返し御蔵前、浅草御門馬喰町《ばくろちょう》、牢屋敷裏門までという順に、ほとんど市内の要所を廻って、罪状軽からざることを庶民に示したものである。伝馬町の牢獄より出でて後、牢獄に帰るのは刑名獄門の場合であり、引廻しを済ませて、牢内切場において斬首《ざんしゅ》し、さて、浅草、品川両所の内で梟首《きょうしゅ》したものである。火罪、磔《たく》罪《ざい》の場合は引廻し箇所短縮して、道筋は山手に及ばず直に刑場に赴いて処刑するのを常例にした。この引廻し行列は真先に非人、二人、六尺棒を持ち、つぎに捨札を非人一人白衣を着て持つ。次に抜身の朱槍二本を矢の者白衣帯刀にて担ぐ。矢の者（谷ノ者とも書く）とは、弾左衛門配下の者である。次に囚人馬上、若し病気で馬上に堪えざる時には畚《もつこ》でになう。馬口取非人一人、介添二人、次に捕物道具を矢の者が持つ。次に、南北組与力、検使正副二人、騎馬陣笠野羽織袴帯刀にて続き、次に持槍挾箱、これは法被、左右に侍二人が野羽織股引帯刀で、口取二人を従える。挾箱は御用箱であって、かねて床几《しょうぎ》雨具を入れる。同心四人は、丸羽織股引脚袢姿。同心は囚人一人毎に二人を加えるのを例とした。弾左衛門及び手代は野羽織股引帯刀、弾左衛門組下、棒突六人、非人頭車善七及び手代二人、囚人取扱下働非人六人、いずれも白衣脚袢尻端折にて従ったものである。かくして囚人を刑場に曳いて行く途上、自身番屋にて休憩した時は、囚人の願いをいれて菓子、酒などを給することもあったが、その代料は検使役人の自費で支弁した。往時所々に引廻菱麦などの名があったのは、役人の情でこの世の名残りに囚人にふるまったことに起因したのである。なお刑は引廻しの上、二日晒して鋸挽に処し、しかる後磔に懸けた。）

火罪仕方

囚人が刑場に着けば、下働非人《ひにん》六人にて、馬より下し、縄のまま罪木に登せ、輪竹の内に入れ、上臂を釣竹に結付、細腰、高股、両足を柱に縛す。いずれも太縄にて二重に、確と結び、これを泥にて塗込み、又その上を小縄にて巻く、斯くて後に頸縄を切り（前に縛されたるもの）その跡を太縄二重にて柱に結付る、この結目にも泥を塗るなり。

罪木に全く縛しおわれば、茅薪《かやまき》で四面を覆う、これを竈造《かまどづく》りという、右下に地に即ち竹にて輪を作る法の如し。

江戸引廻の図

しかして後に茅一把ずつ、結びたるまま、二重三重に積み上げ、猶中程より、上部に茅を散しかくるなり、その外観ほとんど簑虫《みのむし》か茅屋《かやや》の如し。

用意終れば、弾左衛門手代、支度宜き旨を検使に言上、検使はこれを改め、下役同心に差図し、同心は刑人に近寄り名前を改めたる後に出入口（刑人の面部）を茅薪にてふさぐ。

検使の体

検使は、刑人の正面十間ばかり隔てて床几に掛り、陣笠のままにて見分す、背に侍、草履取、鎗持、挾箱持等控え居る。同心及び弾左衛門、手代等は、刑場の前後左右に並列して、非常を警

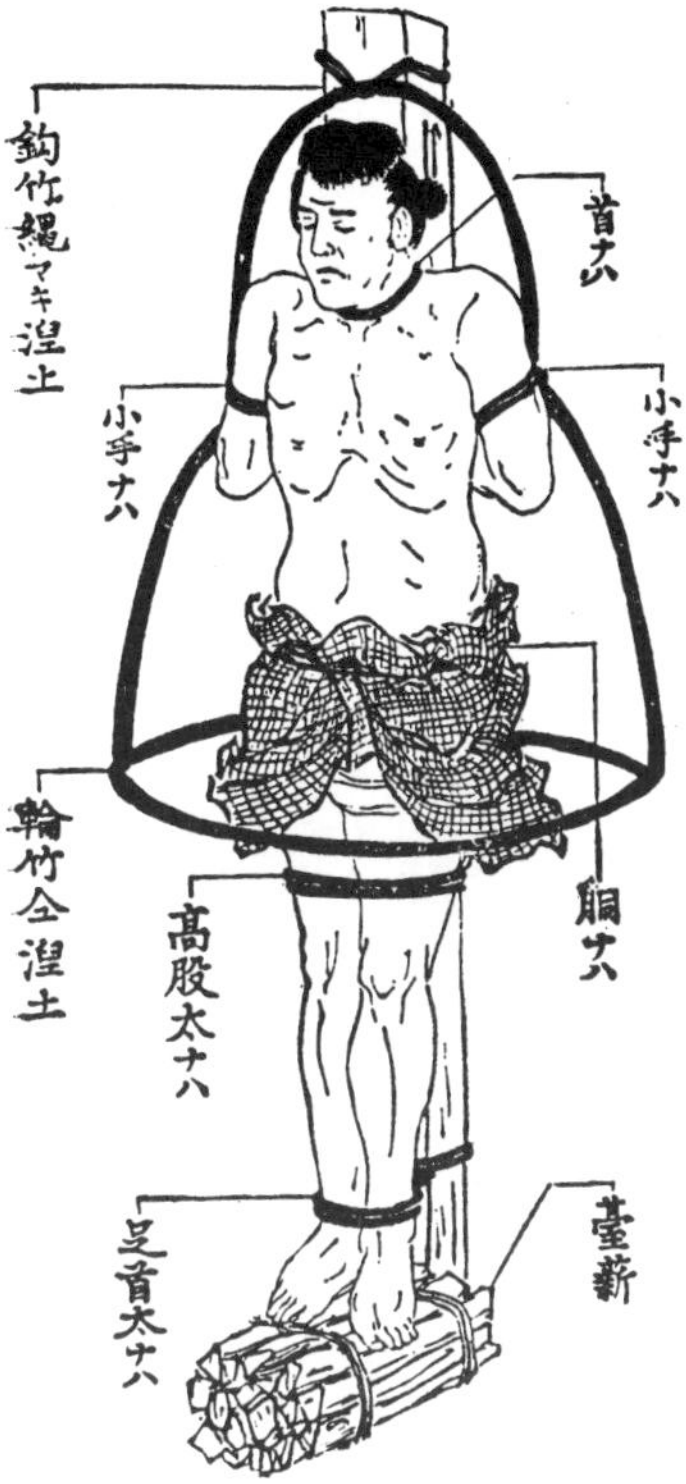

火罪（罪木に縛す）

火罪（茅を覆う）

戒する。矢の者は、抜身朱鎗及び捕物道具を突立て、刑人の両傍に立つ。

検使は、弾左衛門へ「火を移すべし」と命ずれば、非人は茅三把を一手に持ち、風上より火を点じ、筵にて煽《あお》る、或は処々より点火することもあり、火勢炎焰《えんえん》、刑人すでに焚死《ふんし》すと見れば、燃余の薪茅を引除け、又茅四、五把ずつに火を点じ、刑人の左右に分れ、一方は鼻、一方は陰嚢を焼く、但し女は乳を焼く、これをとめ焚と言う。

焚骸は、そのままにして、三日二夜晒し置くこと同じ。

本刑囚人、牢死せし時は、科書《とがしょ》捨札のみ、前の如く立る。その手続は、年寄同心二人、若同心二人（皆羽織、白衣）にて、牢屋敷に出張し、牢屋見廻より、捨札を受取り、非人に持たせて、これを建てる。

刑場用意品

一、火罪木柱、栂《つが》長二間の五寸角、輪竹七尺の内五寸は、輪留打廻し、縄にて巻く。
一、縄、薪、茅、材木、幟、釘、番小屋道具。
右は、享保三戌年迄、町々より相納め来りし処、高値なるに付、同年六月半減の価値にて弾左衛門より相納めたり。
但し右の品残らず牢屋入用の内へ込めて書出す。

一、壱人入用
一、佐野薪二百十把、　代銀八拾五匁五厘
但し一把に付、四分五毛ずつ。
一、茅七百把　代銀弐拾三匁八分
但し壱把に付、三厘四毛。
一、中縄十把（十尋《ひろ》物）　代銀二匁二分五厘
一、箒佐野薪七十把　代銀拾九匁六分
但し壱把に付、二分八厘、二夜分。
一、番小屋一ケ所　代銀四拾三匁弐分五厘

一、縦六尺札板一枚　　代銀六匁七分
一、札打釘十本（足四寸）代銀壱分九厘
一、札建添杭半本　　同　三分壱厘五毛
一、幟　壱本　　　　同　六匁八分
〆銀百八拾八匁九分二厘五毛
但し五ケ所なるを以て、捨札五枚。

代金弐分六匁弐厘五毛追加。

通計金三両二分二朱と七匁四分五厘。

（三円五十銭余りだから、物価を今日はざっと三千倍とすると壱万八百円となり一万倍に加算すると、三万六千円になる。それにしても出役人数は業々しく、人件費が如何に安かったかを知らされる）
一、拵物は矢大工作る、元来は元大工町、南大工町、竪大工町、横大工町四ケ所の町役にて相勤した、右惣代の神田九軒町道具屋敷源兵衛店の新兵衛という者より定式を差出す。
一、火罪の節、非人人足共はのこらず公役にて、弾左衛門より差出す。
火罪御仕置の節、弾左衛門方より自分入用に差出す品は、左の通り。
一、四斗樽　　二ツ　　代銀三匁五分
一、醤油樽　　二ツ　　同　弐匁
一、ねば土　　一樽　　同　八分

（これは紐の結び目に塗る土なり）
一、鉄熊手　一本　代銀弐匁五分
一、蠟燭　十二挺　同　一匁八分
〆銀拾匁六分
火罪の事、大概右にて尽きたるなり。

其五　磔

磔に処すべき者の属罪、刑場共に火罪と同じ。
百ケ条定書に曰く
前々の例に従う
一、磔
浅草、品川に於て、磔申付、在方は悪事致せし候処（犯行現地）へ差遣し候儀もこれあり、もっとも科書の捨札を建る三日の内非人番に付置く。

但し引廻又は科により、引廻におよばず、田、畑、家屋敷、家財共に欠所。

本刑も申渡より刑場へ臨むまでの手続、出役等はすべて前文火罪と同じ。

刑場の仕方

囚人刑場に着すれば、下働非人六人にて馬より下し、罪木へ仰向に臥せ、両足を左右の横木に

磔図

結付、二人ずつ左右に廻り、上腕を横に縛し付、囚人の衣類を左右袖脇下より、腰の辺まで切り破り、胸間へ左右より巻付、三ケ処程を縄にてイボ結になす。斯くて胴縄、襟縄を掛け、手伝人足十人余にて、罪木を起し、根を穴に埋めること三尺余り、よく突固めて、用意全く終れば、弾左衛門手代より、検使へ知らせ、検使は同心に命じ、囚人名前を改め、相違なきをたしかむ。

検使は、弾左衛門に差図し、処刑にかからせる。即ち突手非人六人、白衣、股引、脚半、尻端折にて縄襷《たすき》をかけ、先ず二人が鎗《やり》を把て、左右に分れ、囚人の眼前に鉾《ほこ》を交叉す、これを見せ鎗という。突手は、囚人より正面二尺程を去り、アリヤアリヤと声をかけながら素突を試みこれを引くや否、一人が構えて右脇腹より肩先まで貫き、鋒先出ること一尺余、一捻り捻りて抜く、これ流血の柄に伝わらぬ為である。その鋒抜くや否、左方よりも同様に突く毎に鎗の血を藁にて拭い、交々に突くこと廿四、五乃至三十に至る。（この時、鮮血淋漓《りんり》、食物など走り出る、その残酷これを見るや、如何なる剛胆者も顔色を変ぜざるなし）

この時、弾左衛死骸を改め、検使に伺い、前の突手に命じて、咽喉を右より貫く、これを止《とど》めの鎗という。

検使は、これを検め、晒の儀は、例の通心得べき旨、弾左衛門へ申渡して退散する。

晒は右のまま、三日二夜なり、番人、その他の用意は火罪、獄門の晒と同じ。

（磔の苦痛を逃がれるために、被刑人に金の蔓《つる》がある場合は、非人を売収し、罪木柱に縛され、それを建て穴に入れる時、乱暴にドスンと落すと、止板にて睾丸を強突強打して気絶するとか、そして残酷なる鎗で刺される苦痛から逃がれるなど、故老の話にあり）

刑場用意の品々

一、罪木柱、栂長さ二間の五寸角、横木法の如し。（栂とは梅木の一種）

一、胴縄、及細紐

　　磔一人分入用

一、幟　　　一本　　代銀六匁八分

一、縦六尺札一枚　　同　七匁五分弐厘

但し、打釘、杭共

一、番小屋　　一ヶ所　　代銀四拾三匁弐分五厘

一、篝薪　　七十把　　同　拾九匁六分

但し、二夜分

〆銀七拾七匁壱分二厘

通計金壱両壱分と銀弐匁一分弐厘

右の外、磔柱は公役にて、矢大工作る。

但し前々日牢屋敷へ呼出して製造方を命ず。

一、蠟燭　　十二挺　　代銀壱匁八分

右弾左衛門、入用にて差出す

一、突鎗二本、弾左衛門方より差出す

付塩詰死骸の磔

存命なれば、磔刑又は鋸刑に処せらるべき者、口書完結後にもし牢死せる時は、その死骸を塩詰となし、保管いたし置き、本刑を宣告し、磔に処する者にて、執行当日まで、牢内に置きしなり。その手続に至ては、少しも前に異なることなし、途中桶のまま首をあらわし、非人舁行くなり。

磔の当日

一、御仕置場所警固　穢多頭弾左衛門　手代　二人
一、同断　棒突　矢の者六人
一、同　番人　矢の者六人
一、刑人取扱と磔突く者共、下働　非人六人
一、非人共差配致す　善七代、二人
同　夜
一、同　上番人　矢の者六人
一、同　下番人　非人　六人
二日目
一、同　上番人　矢の者六人
一、同　下番人　非人　六人
同　夜
一、同　上番人　矢の者六人
一、同　下番人　非人　六人
三日目
一、同　上番人　矢の者八人
一、同　下番人　非人　六人

貞蔵等の事

編者（佐久間長敬）曰く自分は嘉永《かえい》の頃、検使出役せし時に五人の囚人あり、河内無宿貞蔵、無宿酒造蔵《みきぞう》外三人にて、島破りをなし、その上、島名主を殺し、又、入牢中破牢せるのみならず、相牢囚人を殺す等、極悪無頼《ごくあくぶらい》の兇徒なり。

この五人は永く在牢せしゆえ、牢内にても古顔にて、牢役まで勤めたれば、衣類も立派に着飾り、牢内手製紙拵の数珠を各々頭に纏い、頭髪黒く長く垂れ、久しく日光に照らさざれば面色は真白で、如何にも美男子なり、齢は皆三十前後、その上紅白粉《べにおしろい》で化粧し、俳優の如し（けだし永年、牢中に生活し、身体の発達、自然に適合する時は、皆この如くなるとか）五人は刑場にひかるる途中、貞蔵の如きは泰然自若《たいぜんじじゃく》たり、浅草田町辺にて刑人等の願にて放尿を免じ（牢中にて大小便をツメと言う）自身番屋にて、少時休息す、この時に刑人の請に依て、菓子酒など、食すること免ず（酒を茶と言う）これは古来よりの慣例なり。其代料は、検使役人の自費にて施す、余も斯くせしに、五人は各自の好む物を食するに、貞蔵は仲間を見て笑いながら、

「最期に臨み、何を食いたりとも、味あるべきか、この世に思い残すことなき身にて、無益に御役人を労し、日間《ひま》取ことかは、早々御仕置場に行き、死を潔くすべし」と四人を促せば、流石《さすが》は極悪大罪人、覚悟の程、今も眼に見る心地する、やがて刑場に進み、見せ鎗しても、ビクともせず、笑を含み、

「しっかり頼むぞ」と言えり、一鎗突かれ、二鎗を突く間に四人の名を呼び、一々訣別《けつべつ》し、「暫《ざん》

時《じ》の間の苦しみなり辛棒《しんぼう》せよ」と言い終り、両眼を閉ず、神色《しんしょく》平生の如し、三回鎗にて再び両眼を開き、同類を見廻し、検使へ目礼し、そして絶命した。如何なる胆力の者にや、酒造蔵は、貞蔵よりも、齢やや若く、特別美男なり、途中も活潑に往来の通行の婦人共へ声をかけ、或は小唄など謡い、付添役人が厳しく制すれどもきかず、酒好きと見えて、田町にて五合ばかりも呑みて、酔い、磔台に懸る時は、眠りおりしが、一鎗受けるや、忽ち目を覚し、大声を発し、二度目の鎗に唾し、「もっとしっかり突け、突け」と叫び絶息するまで罵りぬ、外の三人も同様であった。

其六　鋸挽

鋸《のこぎり》挽《びき》は、弑逆《しぎゃく》の大罪のみに行う、極刑にして、引廻の上、二日晒、鋸挽に処し、後に磔にかくるなり。

百ケ条定書に曰く

前々の例に従う

一、鋸挽

享保六年極

一日引廻し、両の肩に刀目を入、竹鋸に血を付、側に置、二日晒、挽申すべくもの、これある時は挽せるためなり。

前々の例に従う、

但し田畑、家屋敷、家財共欠所。

往古《おうこ》は、実際に鋸にて挽殺したが、現に三代将軍の時、七日にして漸く挽殺したることあり、その後自然挽く者もなく、右のごとく、全く一の儀式とはなりしなり。

属　刑

宣告手続は、前条と同じ、その日一日引廻しになし、それより日本橋南の広場にて左の如き手続きにて、二日晒すなり、引廻しの模様は、前諸罪と変ることなし。

晒　場

晒場《さらしば》は、日本橋南詰広場に設く、法の如く小屋掛をなし、周囲に縄張し、刑人を馬より下し、穴晒箱《あなさらし》に入れ、首枷《くびかせ》を掛け、釘しめなおしえて、検使、町奉行組与力の差図を受け、町奉行組同心、刀を以て、刑人の両肩に切疵を加え、その血を竹鋸に塗り置く、番人は、非人が勤める。町奉行組年寄同心二人、若同心四人は、最寄自身番屋に詰、時々見廻警衛し、朝より夕に至るなり。

鋸挽は、希望者あれば、勝手に挽せる定めであるが、逆に希望して挽たる者なし。

夕七ッ時（四時）になれば穴より出し、首枷を外し、同心付添い牢屋敷に帰り牢舎す、非人畚にてこれを荷う、牢舎中といえども、手鎖《てじょう》をかけ、役四人に注意を申付け置く、二日目、朝五時、南、北町奉行所年寄同心二人、若同心四人が牢屋へ出張し、刑人を引連れ前日の如く、日本

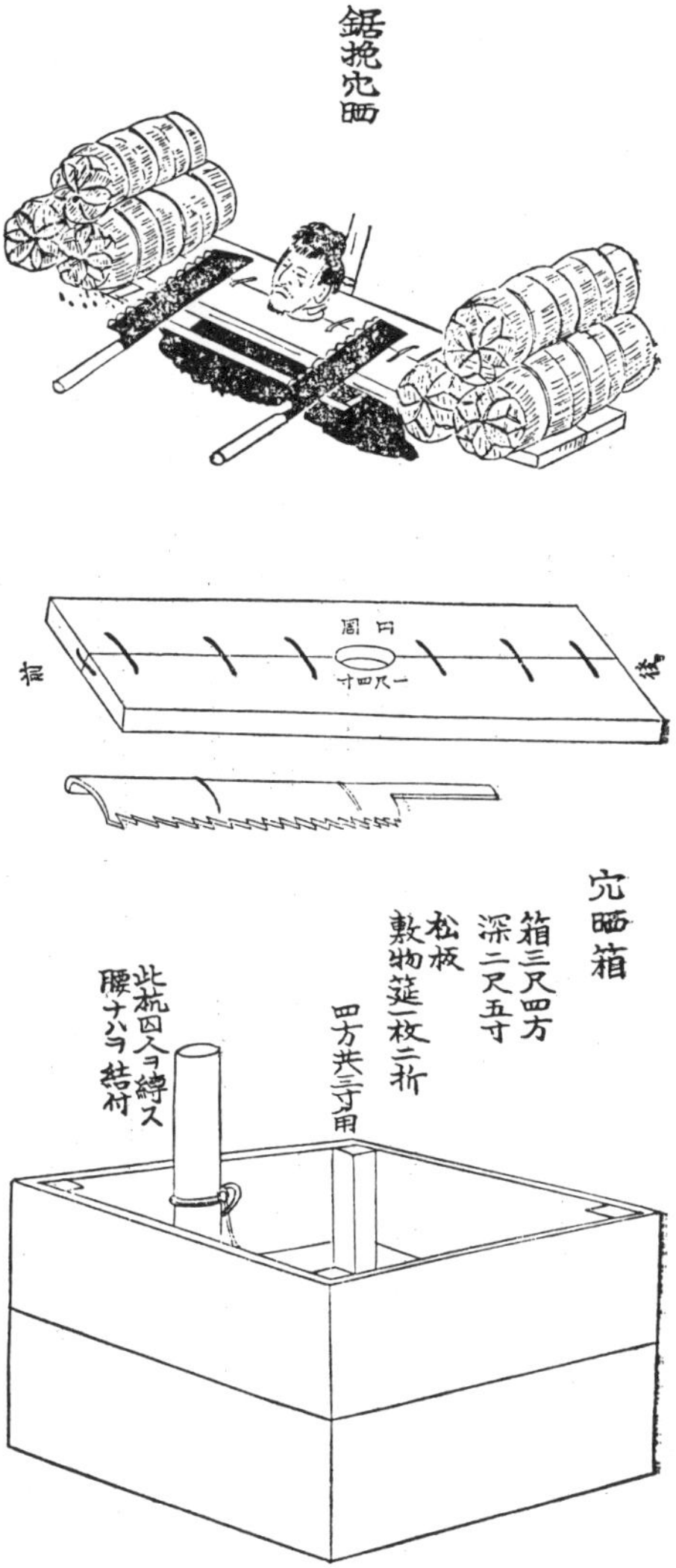
鋸挽穴晒
一尺四寸
穴晒箱
箱三尺四方
深二尺五寸
松板
敷物筵一枚二折
四方共三寸角
此杭囚人ヲ縛ス
腰ナハヲ結付

鋸挽　穴晒

橋晒場に晒し、夕七ッ時に帰牢し、前日の如し。
三日目、朝五時、前検使牢屋敷へ出張し、刑人を改番所にて受取り、牢屋敷裏門より、乗馬にて刑場に至る、刑場も出役も磔と同じ。

晒場所入用品

一、穴晒箱、枷板、釘、鋸、竹鋸、土俵、捨札、道具掛、小屋、太縄、杣《そま》、朱鎗、捕物道具

晒中警固人数並に番人

これ亦、鋸挽に処せられるべき者、牢死せば、その死骸を塩詰とし、生者の如く取扱うなり。

鋸挽晒入用品

一、竹鋸

右は、享保三戌年までは町々より相納め来りし処、高値につき、享保三年六月より半減の額にて弾左衛門より相納めしなり。但し右品、牢屋入用となる。

一人分入用

一、蠟燭　十二挺　代銀壱匁八分、　一、醤油樽　一ツ　代銀壱匁

〆　弐匁八分

右弾左衛門、自分入用にて差出す。

日本橋晒場入用

一、晒番小屋　一ケ所　代銀八拾六匁五分、　一、大鋸　一挺　代銀八匁、　一、完料鋸　代銀

弐拾匁、　一、縦六尺札　一枚　代銀七匁五分弐厘、但し打釘杭共。
一、幟　一本　代銀六匁八分、　一、篝薪　七十把　代銀拾九匁六分、但し二夜分。
一、番小屋　一ケ所　代銀四拾三匁弐分五厘
〆、銀百九拾壱匁六分七厘。
通計金三両二朱と銀四匁壱分七厘。

本書編述の結びの言葉として、三田村鳶魚翁の文章を拝借させていただく。
「一体、捕物の話と申すものは、つかまえられる方の話でなく、つかまえる者の話なのであるから、そのつもりで見て頂きたい、これに依て当時の制度というもの、その事に当った役人というものと、その折々の時世というものを考えて見たいと思います」と。

こうしてみると、実に国家構成が、今も昔も余り変っていないのに気がつく。刑執行の入用品買上げに、町方即ち御用商人からは高値で買ったり、庶民を搾りあげる点では、今日の如く莫大な税収入がないので、何かと賦役という形式で町方に負担させ、公用として最下層民の非人を無償で使役している。

死刑が公衆の面前で執行されたり、晒という蛮行《ばんこう》は、今日我国では、まったくなくなっているが、今なお一部の後進国では、公衆の目前で銃殺刑が執行されているのを思うと、いわゆる刑罰なるものが、文明社会になっても余り進歩していないことを知らされるのだ。

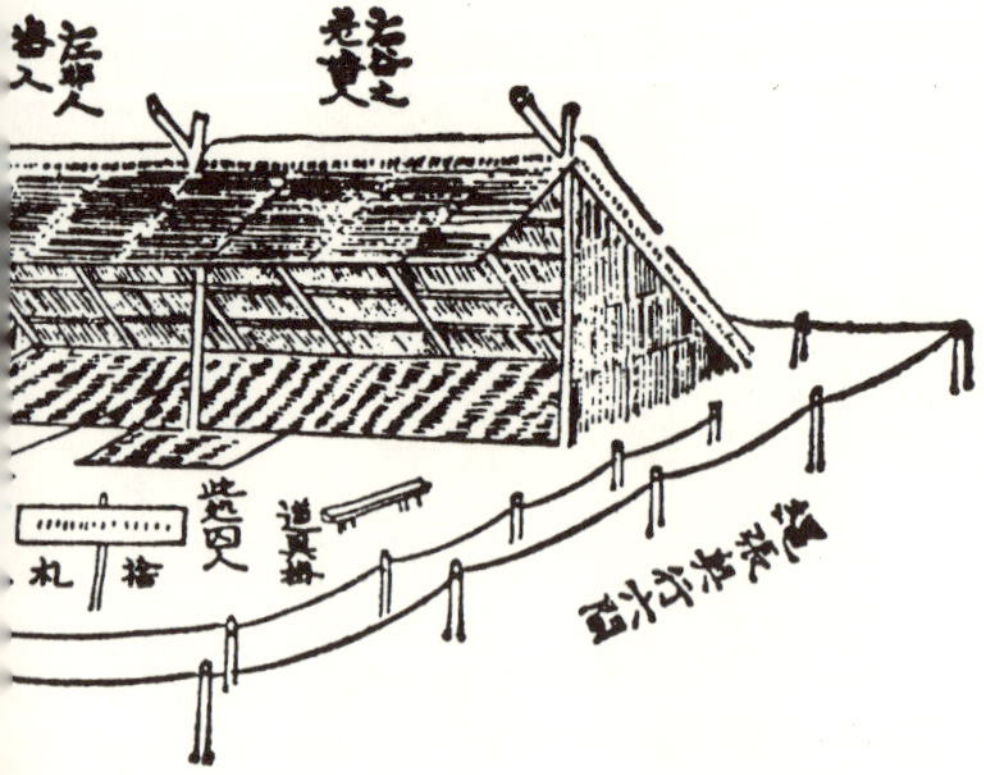

晒場

この仕事をして今更の如く気づいた事は、何日の世でも政府というものは生産者でなく大衆の上に胡坐《あぐら》をかいて搾取《さくしゅ》していることだ。

それであるから政府なるものは常に大差ないのであって、江戸期でもその刑行政をするにも出来るだけ賦役で執行していたのを教えられる。

江戸期の警察行政も南北両奉行の役料は、各三千石、与力が南北で引くるめて一万石、同心が百五十人として二万石に満たない。火附盗賊改と伝馬町牢屋敷の費用を加えても七万石よりは少ない。将軍家八百万石としての警察行政費が多いとは決して思われない。

今日、機動隊を保持している警視庁の経費より遥かに僅少である。勿論江戸時代の犯罪数はすくないし、市中の守備範囲も狭いのであるが。

江戸時代には、各藩士は在府勤番侍も各藩の監督下にあるゆえ経費は少なかったろうが、中央集権と

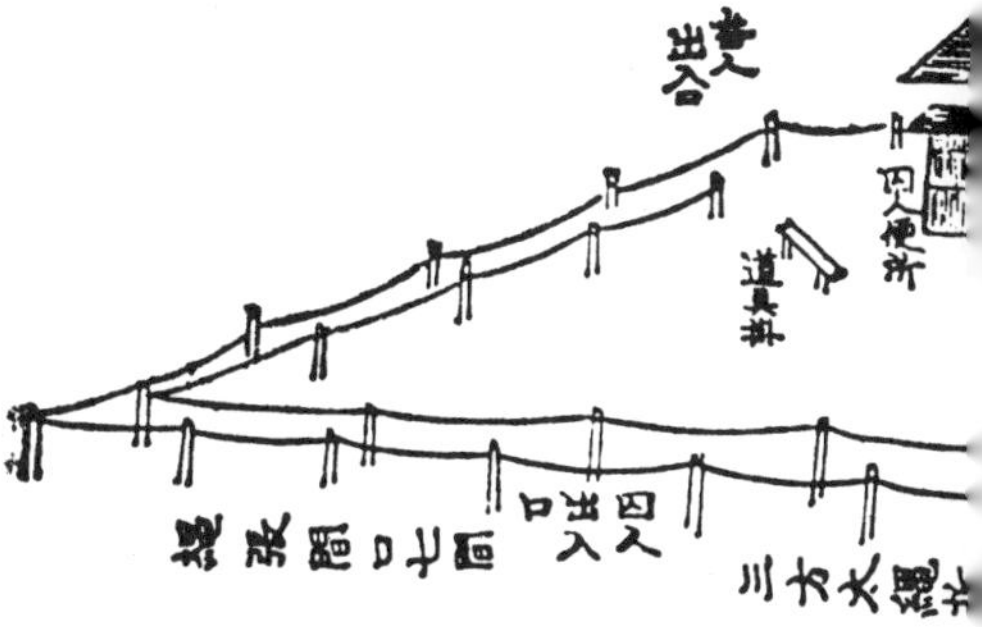

しての弱点があり、この封建制がガンとなって幕末期の倒幕運動を生ぜしめたのであろう。

江戸の両町奉行の与力・同心や加役、これらの警察力だけでは徳川幕府二百七十余年の権力保持は容易ならぬことであったろう、と思われる。大名を監視した大目付、武家（旗本《はたもと》・御家人《ごけにん》）を監視した目付、そして全国に偶発した百姓一揆《いっき》を弾圧した各藩の警察力、不正無法の藩主を将軍に直訴し藩主が敗訴しても直訴人は、その藩主に引渡されて獄門という極刑に処せられた。

この民衆弾圧行政に就て調べなければならないと私考し、いずれ折を見て研究し筆を染めたいと思っている。何故ならば、昔を知る事は今日を知る事であるからだ。

江戸《えど》時代《じだい》選書《せんしょ》13　江戸《えど》牢獄《ろうごく》・拷問《ごうもん》実記《じつき》

2003年11月25日発行

著　者　横倉《よこくら》　辰次《たつじ》

装　幀　鈴木一誌＋武井貴行

編　集　出版工房ケンブリッジ

発行者　宮田　哲男

発行所　株式会社　雄山閣

〒102-0071　東京都千代田区富士見2-6-9

TEL 03(3262)3231　FAX 03(3262)6938

URL http://www.yuzankaku.co.jp

本文組版　風間章憲・マーリンクレイン

印　刷　東洋経済株式会社

製　本　協栄製本株式会社

ISBN4-639-01812-6　C0321